D. T. Suzuki

MUSHIN – Die Zen-Lehre vom Nicht-Bewußtsein

DAISETZ TEITARO SUZUKI

MUSHIN

Die Zen-Lehre vom
Nicht-Bewußtsein

Das Wesen des Zen
nach den Worten
des Sechsten Patriarchen

OTTO WILHELM BARTH VERLAG

«The Zen Doctrine of No-Mind»

INHALT

DIE BEDEUTUNG DES SŪTRA
VON HUI-NENG

In der frühen Geschichte des Zen-Buddhismus in China ragen zwei Gestalten hervor. Eine davon ist natürlich Bodhidharma, der Begründer des Zen, die andere Hui-neng (Wei-lang im südlichen Dialekt, Enō auf Japanisch 638–713), der das Denken des Zen bestimmte, das Bodhidharma nach China brachte. Ohne Hui-neng und seine unmittelbaren Schüler hätte das Zen sich vielleicht nie so entwickeln können, wie es in der frühen T'ang-Periode der chinesischen Geschichte geschah. Im 8. Jahrhundert n. Chr. nahm daher Hui-nengs Werk, bekannt als das Sūtra (gesprochen) vom Hohen Sitz des Sechsten Patriarchen (*Liu-tsu T'an-ching* oder *Rokuso Dangyō* auf Japanisch), einen sehr wichtigen Platz im Zen ein, und die Wechselfälle des Schicksals, denen es ausgesetzt war, sind bemerkenswert.

In diesem Werk fand Bodhidharmas Sendung als erster Verkünder des Zen die richtige Deutung, und ebenfalls in diesem Werk wurden die Zen-Gedanken in ihren Umrissen dargelegt, um seinen Nachfolgern als Muster für ihre geistige Schulung zu dienen. Durch Hui-neng sind moderne Zen-Meister mit Bodhidharma verbunden, und auf ihn können wir die Entstehung des chinesischen, von seiner indischen Form sich unterscheidenden Zen zurückführen. Wenn wir behaupten, das *T'an-ching* sei ein

Werk von größter Tragweite, geschieht es aus diesen beiden Gründen. Die Wurzeln seiner Gedanken reichen durch Bodhidharma bis zur Erleuchtung des Buddha selbst, während seine Zweige sich über den ganzen Fernen Osten breiten, wo Zen seinen fruchtbarsten Boden fand. Mehr als tausend Jahre sind seit Hui-nengs Erklärung über das Zen vergangen, und wenn es auch seitdem verschiedene Entwicklungsstadien durchlief, blieb sein Geist wesentlich derjenige des *T'an-ching*. Deshalb müssen wir, wenn wir die Geschichte des Zen verfolgen wollen, das Werk von Hui-neng, dem Sechsten Patriarchen, in seinen beiden Aspekten studieren, erstens in seiner Beziehung zu Bodhidharma und dessen Nachfolgern, Hui-k'o, Seng-t'san, Tao-hsin und Hung-jen, und zweitens in jener zu Hui-neng selbst, seinen unmittelbaren Schülern und seinen Zeitgenossen.

Daß das *T'an-ching* für Hui-nengs Nachfolger die wesentliche Lehre des Meisters enthielt und unter seinen Schülern als sein geistiges Vermächtnis weitergegeben wurde, dessen Besitzer nur dadurch als Mitglied der Schule Hui-nengs anerkannt wurde, geht aus der folgenden Stelle im *T'an-ching* hervor:

Der große Meister hielt sich in Ts'ao-chi San auf, und sein geistiger Einfluß breitete sich während mehr als vierzig Jahren in den beiden benachbarten Provinzen Shao und Kuang aus. Die Zahl seiner Schüler betrug drei- oder vielleicht sogar fünftausend, darunter Mönche und Laien, und war tatsächlich größer als erwartet werden konnte. Was das Wesen seiner Lehre betrifft, so wird das *T'an-ching* als etwas übermittelt, das autoritativ verpflichtet, und jene, die es nicht besitzen, werden als solche betrachtet, die keine Vollmacht erhielten [das heißt, welche die Lehre Hui-nengs noch nicht völlig begriffen hatten]. Wenn der Meister dem Schüler Vollmacht erteilt, müssen Ort, Datum und Name genau angegeben werden. Wenn keine Übergabe des *T'an-ching* erfolgt, kann niemand den Anspruch erheben, ein Schüler der Südlichen Schule zu sein. Jene, denen kein *T'an-ching* anvertraut wurde, haben keine wirkliche Einsicht in die Lehre der ‹plötzlichen Erweckung›, selbst wenn sie dieselbe verkünden. Denn sicher werden sie früher oder später in einen Disput verwickelt werden, doch sollten jene, die den Dharma haben, sich nur der Übung in ihm widmen. Dispute entstehen aus dem Wunsch, einen Sieg davonzutragen, aber dieses steht nicht in Übereinstimmung mit dem Weg. (Die Suzuki- und Koda-Ausgabe der Tun-huang-Manuskripte, S. 38.)

Ebenso wichtige, wenn auch nicht so deutliche Stellen finden sich im ersten Paragraphen des *T'an-ching*, wie auch in den §§ 47 und 57. Diese Wiederholungen sind ein genügender Beweis dafür, daß dieses Werk, da es die wichtigsten Stellen der von Hui-neng gehaltenen Reden enthält, von seinen Schülern hochgeschätzt war, und das Tun-huang-Manuskript (§ 55), wie auch die Koshoji-Ausgabe (§ 56), enthält die Namen von Personen, denen die Reden übermittelt wurden. Die Volksausgabe, der meist die Yuan-Ausgabe des 13. Jahrhunderts zugrunde liegt, bringt nicht die sich auf die Übergabe beziehenden Stellen; der Grund dafür wird später untersucht werden.

Zweifellos erregten Hui-nengs Reden großes Aufsehen bei den Buddhisten seiner Zeit, vielleicht, weil vor ihm kein buddhistischer Meister sich so unmittelbar an die Massen gewandt hatte. Das Studium des Buddhismus war bis dahin mehr oder weniger auf die gebildeten Stände beschränkt gewesen, und alle von den Meistern gehaltenen Reden stützen sich auf die orthodoxen Texte. Es waren gelehrte Diskussionen in der Art von Kommentaren, die eine große Gelehrsamkeit und analytische Denkfähigkeit zur Voraussetzung hatten. In ihnen fanden nicht notwendigerweise Tatsachen des persönlichen Lebens und Erfahrens ihren Niederschlag, sondern sie befaßten sich hauptsächlich mit Begriffen und Analysen. Hui-nengs Reden brachten dagegen seine eigenen geistigen Intuitionen zum Ausdruck und waren daher voller Lebendigkeit, während seine Sprache neu und ursprünglich war. Das war wenigstens einer der Gründe für die beispiellose Aufnahme, die sie sowohl beim Publikum als auch bei den Fachgelehrten fanden. Das veranlaßte auch Hui-neng, am Anfang der *T'an-ching* seine Lebensgeschichte in aller Ausführlichkeit zu erzählen, denn wäre er nur ein gewöhnlicher gelehrter Mönch innerhalb der Hierarchie seiner Zeit gewesen, hätte für ihn, oder vielmehr für seine direkten Nachfolger, kein Anlaß für besondere Erklärungen bestanden. Daß die Nachfolger die Ungelehrtheit ihres Meisters so stark betonten, hing zweifellos zu einem großen Teil mit der Einzigartigkeit seines Charakters und seiner Laufbahn zusammen.

Seine Lebensgeschichte, die am Anfang des *T'an-ching* steht, wird in Form einer Autobiographie erzählt, doch aller Wahrscheinlichkeit nach ist sie die Arbeit des Kompilators oder der Kompilatoren des Werkes. Sicher können diese Passagen, in denen Hui-neng in solchem grellen und offenkundigen Gegensatz zu Shen-hsiu geschildert wird, nicht aus Hui-nengs eigener Feder stammen. Die Rivalität zwischen den beiden Männern entstand nach dem Tode ihres Meisters Hung-jen, das heißt, erst nachdem jeder der beiden begann, die Zen-Lehre entsprechend seiner eigenen Erfahrung zu verbreiten. Es ist sogar ungewiß, ob die beiden Männer gleichzeitig bei ihrem gemeinsamen Meister waren. Shen-hsiu war über hundert Jahre alt, als er 706 starb, und zu der Zeit war Hui-neng erst 69. Es bestand also zum mindesten ein Altersunterschied von dreißig Jahren zwischen ihnen, und dem *Leben des Hui-neng* zufolge (ein Werk, das 803 von Saichō nach Japan gebracht wurde) war Hui-neng 34, als er zu Hung-jen kam, um sich unter ihm zu schulen. Wenn Shen-hsiu dann noch bei dem Meister gewesen wäre, hätte er zwischen 64 und 70 sein müssen, und es heißt, Shen-hsiu habe sich sechs Jahre lang bei Hung-jen aufgehalten, und wiederum, Hung-jen sei kurz nach Hui-nengs Fortgehen gestorben. Es kann gut sein, daß Shen-hsius sechstes Jahr bei Hung-jen mit der Ankunft von Hui-neng in dessen Kloster zusammenfiel. Wenn aber Shen-hsiu in dem von ihm Erreichten selbst nach sechs Jahren der Schulung und der Selbstdisziplin so weit hinter Hui-neng zurückstand, und wenn sein Meister starb, bald nachdem Hui-neng die Bruderschaft verlassen hatte, wann hätte da Shen-hsiu seine Zen-Schulung vollenden können? Den Dokumenten zufolge, die von ihm berichten, war er zweifellos einer der vollendetsten Zen-Meister in der Nachfolge von Hung-jen, ja sogar seiner Zeit. Was von Shen-hsiu im *T'an-ching* berichtet wird, muß daher eine Erfindung von dessen Kompilatoren nach dem Tode Hui-nengs sein, denn die sogenannte Rivalität zwischen den beiden Meistern war in Wirklichkeit eine solche zwischen ihren beiderseitigen Nachfolgern, die sie auf Kosten ihrer Meister rechtfertigten.

In der Geschichte, mit welcher das *T'an-ching* beginnt, erzählt Hui-neng, wo er geboren wurde und wie unbekannt ihm das ganze klassische Schrifttum Chinas war. Er erzählt dann weiter, wie er beim Anhören des *Vajrach-chedikā-Sūtra*, das er selber nicht zu lesen vermochte, sich für den Buddhismus zu interessieren begann. Als er den Huang-mei Shan (den Berg der Gelben Pflaume) hinaufging, um unter Hung-jen, dem Fünften Patriarchen, Zen zu üben, war er kein der Bruderschaft angehörender ordinierter Mönch, sondern ein gewöhnlicher Laie, und er bat darum, als ein zum Kloster gehörender Arbeiter im Kornspeicher arbeiten zu dürfen. Während dieser Beschäftigung war es ihm offenbar nicht erlaubt, sich unter die Mönche zu mischen, und er wußte daher nicht, was in den anderen Teilen des Klosters vor sich ging. Es gibt aber zumindest eine Erzählung im *T'an-ching* und in Hui-nengs Biographie[1], die auf gelegentliche Zusammenkünfte zwischen Hui-neng und seinem Meister Hung-jen hinweist. Als Hung-jen bekanntgab, daß derjenige seiner Schüler, der eine befriedigende Gāthā verfassen könne, die seine Ansicht über das Zen wiedergebe, ihm als Sechster Patriarch folgen werde, erfuhr Hui-neng nichts davon; er war in jeder Hinsicht nur ein dem Kloster angehörender Arbeiter. Hung-jen muß aber von dem von Hui-neng geistig Erreichten gewußt und erwartet haben, daß seine Ankündigung ihm eines Tages zu Ohren kommen werde. Hui-neng konnte nicht einmal seine eigene Gāthā niederschreiben und mußte jemanden bitten, es für ihn zu tun. Im *T'an-ching* finden sich verschiedene Hinweise auf sein Unvermögen, die Sūtras zu lesen, obgleich er ihren Sinn erfaßte, wenn sie ihm vorgelesen wurden.

Die Rivalität zwischen Hui-neng und Shen-hsiu, die stark, aber einseitig, in allen uns jetzt zur Verfügung stehenden Urkunden hervorgehoben wird (außer in der schon erwähnten Biographie von Saichō, die keinen Hinweis auf Shen-hsiu enthält), wurde zweifellos von den unmittelbaren Schülern Hui-nengs besonders betont, die schließlich als Sieger aus diesem Kampfe hervorgingen. Der Hauptgrund dafür war, daß Hui-nengs «südliches» Zen mit dem Geiste des Mahāyāna-Buddhismus und mit der chinesischen Psyche besser übereinstimmte als die «nördliche» Schule von Shen-hsiu. Gelehrsamkeit neigt stets zu Abstraktion und begrifflichem Denken und verdunkelt das Licht der Intuition, die für das religiöse Leben unerläßlich ist. Shen-hsiu verdiente es gewiß, trotz der Berichte von Hui-nengs Nachfolgern über ihn, das Gewand und die Schale seines Meisters zu erhalten. Seine Darstellung des Buddhismus erforderte aber natürlich eine viel sorgfältiger ausgearbeitete und gelehrtere Methode als diejenige von Hui-neng, und der Geist des Zen verabscheut jeden Intellektualismus. Hui-nengs angebliche Ungelehrtheit läßt die Wahrheit und Kraft seiner buddhistischen Intuitionen klarer hervortreten und stellt das begriffliche Denken von Shen-hsius Lehre jedem deutlich vor Augen. Es ist aber eine bekannte Tatsache, daß der chinesische Geist sich lieber mit der konkreten Wirklichkeit und tatsächlichen Erfahrungen befaßt. Als der erste große einheimische Exponent des Zen entsprach Hui-neng durchaus einem Bedürfnis.

War er aber wirklich so ungelehrt? Er war gewiß kein Gelehrter, aber ich halte ihn nicht für so ungelehrt, wie man es im *T'an-ching* wahrhaben will. Um den Gegensatz zwischen ihm und Shen-hsiu zu betonen, war es eindrucksvoller, ihn als jemanden zu schildern, der außerstande war, literarische Werke zu verstehen, so wie Christus, als er mit den gelehrten, grauhaarigen Schriftkundigen diskutierte, deren Rede keine Autorität besaß. Es ist jedoch eine Tatsache, daß das religiöse Genie seine

Wurzeln nicht so sehr in Kenntnissen und im Verstandes-
mäßigen, als im Reichtum des inneren Lebens hat.

Das *T'an-ching* enthält Anspielungen auf verschiedene
Sūtras, woraus zu ersehen ist, daß der Autor kein völliger
Ignorant war. Obgleich er sich als Buddhist natürlich der
buddhistischen Terminologie bediente, war er doch völlig frei von jeder pedantischen Gelehrsamkeit. Im Vergleich zu anderen buddhistischen Lehrern seiner Zeit ist
er direkt und zielt ohne Umschweife auf den Kern seiner
Lehre. Diese Einfachheit muß seine Zuhörerschaft stark
beeindruckt haben, vor allem jene, die zum Geistigen
neigten und mit einer gewissen Verstandeskraft begabt
waren. Sie machten sich bei seinen Reden Notizen und
bewahrten sie als kostbare Dokumente tief religiöser Intuitionen auf.

Die ursprüngliche Idee Hui-nengs war natürlich, mit
der Wortklauberei und Gelehrsamkeit aufzuräumen, da
der Geist nur vom Geiste unmittelbar und ohne ein Me-
dium begriffen werden kann. Doch die menschliche Natur ist überall die gleiche, und auch die Zen-Anhänger
haben ihre Schwächen, deren eine darin besteht, zu großen Wert auf den schriftlichen Nachlaß des Meisters ge-
legt zu haben. Das *T'an-ching* wurde deshalb als Ausdruck der Wahrheit betrachtet, in den das Zen sicher eingebettet ist, und man kann wohl sagen, daß überall dort,
wo das *T'an-ching* zu hoch geschätzt wird, der Geist des
Zen abzunehmen beginnt. Deshalb wurde vielleicht das
Buch später nicht länger vom Meister auf den Schüler als
eine Art Auszeichnung übertragen, die ihm bestätigte,
daß er die Wahrheit des Zen erkannt habe. Und es wurden vielleicht aus diesem Grunde die oben angeführten
Stellen, die sich auf die Übertragung beziehen, in der
gewöhnlichen Ausgabe des *T'an-ching* fortgelassen, das

dann einfach als ein Werk galt, das die von Hui-neng verbreitete Zen-Lehre enthielt.

Was auch immer der Grund gewesen sein mag, das Erscheinen von Hui-neng in der frühen Geschichte des Zen-Buddhismus war ihrer Bedeutung nach höchst bemerkenswert, und das *T'an-ching* kann mit Recht als ein monumentales Werk betrachtet werden, das die Richtung buddhistischen Denkens in China auf Jahrhunderte hinaus bestimmte.

Bevor wir mit der Erklärung von Hui-nengs Ansichten über den Buddhismus fortfahren, wollen wir jene von Shen-hsiu darlegen, die zu ersteren immer in Gegensatz gestellt werden, weil die Rivalität zwischen den beiden Führern die Möglichkeit bot, das Wesen des Zen klarer als vorher zu definieren. Hung-jen war ein großer Zen-Meister und hatte viele fähige Nachfolger, unter denen sich mehr als zwölf befinden, deren Namen in die Geschichte eingegangen sind. Hui-neng und Shen-hsiu überragen aber alle übrigen Meister ihrer Zeit, und unter ihnen teilte das Zen sich in zwei Schulen, die südliche und die nördliche. Wenn wir also wissen, was Shen-hsiu, der Leiter der Nördlichen Schule, lehrte, werden wir Hui-neng besser verstehen können, mit dem wir es hier in der Hauptsache zu tun haben.

Leider besitzen wir nicht vieles über Shen-hsius Lehre, denn die Tatsache, daß seine Schule nicht gegen die Konkurrenz aufkommen konnte, ließ ihr Schrifttum verlorengehen. Was wir von ihr wissen, stammt aus zwei Quellen: Die erste Quelle sind die Dokumente der Südlichen Schule, wie das *T'an-ching* und die Schriften des Tsung-mi, die zweiten zwei Tun-huang-Manuskripte, die ich in der Bibliothèque Nationale in Paris entdeckte. Eine dieser beiden Schriften der Nördlichen Schule ist unvollständig, die andere nur bruchstückweise zu verstehen, und Shen-hsiu verfaßte keine von beiden selber. Wie beim *T'an-ching* besteht das Manuskript aus Notizen, welche die Schüler sich während der Vorträge des Meisters machten.

Das Manuskript heißt: «Die Lehre von den fünf Mitteln der Nördlichen Schule». Hier wird das Wort «Mittel» oder Methode, Upāya im Sanskrit, anscheinend nicht in einem bestimmten Sinn gebraucht. Die fünf Mittel sind fünf Hauptpunkte, die sich auf die Mahāyāna-Sūtras beziehen. Sie besagen:

1. Buddhaschaft ist Erleuchtung, und Erleuchtung besteht darin, das Bewußtsein nicht aufzustacheln.

2. Wenn das Bewußtsein unbewegt bleibt, werden die Sinne zur Ruhe gebracht, und in diesem Zustand öffnet sich die Pforte höchster Erkenntnis.

3. Dieses Aufgehen höchster Erkenntnis führt zu einer mystischen Befreiung von Geist und Körper. Das bedeutet jedoch nicht den absoluten Quietismus des Nirvāna der Hīnayāna-Buddhisten, denn die von den Bodhisattvas erlangte höchste Erkenntnis umfaßt auch die nicht anhaftende Aktivität der Sinne.

4. Diese nicht anhaftende Aktivität bedeutet, daß man frei von dem Dualismus von Geist und Körper ist und daß das wahre Wesen der Dinge begriffen wird.

5. Schließlich gibt es den Pfad der Einheit, der zu einer Welt des Soseins führt, die keine Behinderungen und Unterschiede kennt. Dies ist Erleuchtung.

Es ist interessant, dieses mit der Auslegung Tsung-mis von der Südlichen Schule zu vergleichen. Er schreibt nämlich in seiner *Darstellung der patriarchalischen Nachfolge der Zen-Lehre:* «Die Nördliche Schule lehrt, daß alle Wesen ursprünglich der Erleuchtung teilhaftig sind, so wie es das Wesen des Spiegels ist, zu erleuchten. Wenn die Leidenschaften den Spiegel verhüllen, ist er unsichtbar, als läge Staub darauf. Werden aber, nach den Belehrungen des Meisters, verkehrte Gedanken unterdrückt und ausgelöscht, so steigen sie nicht länger auf. Dann ist der Geist, seinem wahren Wesen nach, erleuchtet, und nichts bleibt ihm verborgen. Es ist wie das Abwischen des Spiegels. Wenn kein Staub mehr darauf liegt, glänzt der Spiegel hervor und läßt nichts unerleuchtet. Deshalb schreibt der große Meister und Begründer dieser Schule in seiner Gāthā, die er dem Fünften Patriarchen überreichte:

Dieser Leib ist der Bodhi-Baum.
Die Seele ist wie ein klarer Spiegel auf dem Gestell.
Achte darauf, ihn immer rein zu erhalten,
und laß keinen Staub sich auf ihm sammeln.»

Im weiteren erläutert Tsung-mi die Auffassung Shen-hsius am Beispiel einer Kristallkugel. Der Geist, sagt er, gleicht einer Kristallkugel, die selber keine Farbe besitzt. Sie ist rein und vollkommen, so wie sie ist. Sowie sie aber der Außenwelt gegenübersteht, nimmt sie alle Farben und Formen der Differenzierung an. Diese Differenzierung gehört zur Außenwelt, und der in sich ruhende Geist zeigt keine Veränderung irgendwelcher Art. Nehmen wir nun an, die Kugel würde vor einen schwarzen Hintergrund gestellt, und sie würde dadurch zu einer dunklen Kugel. So rein sie auch vorher gewesen sein mag, jetzt ist sie eine dunkle Kugel, und diese Färbung scheint ihr von Anfang an eigentümlich gewesen zu sein. Wenn sie unwissenden Menschen so gezeigt wird, werden diese sofort annehmen, die Kugel sei schmutzig, und sie werden sich nur schwer von ihrer ursprünglichen Reinheit überzeugen lassen. Selbst jene, die sie rein gekannt haben, werden sie in diesem Zustande für unsauber halten und versuchen, sie zu polieren, damit sie ihre ursprüngliche Reinheit zurückgewinnt. Diese Polierer sind nach Tsung-mi Anhänger der Nördlichen Schule, die glauben, die Kristallkugel könne in ihrer früheren Reinheit unter dem verdunkelten Äußeren, das sie vorfanden, entdeckt werden.

Diese Haltung von Shen-hsiu und seinen Anhängern führt unvermeidlich zur quietistischen Meditation, und das war tatsächlich die von ihnen empfohlene Methode. Sie lehrten das Eingehen in Samādhi vermittels der Konzentration sowie die Reinigung des Geistes durch dessen Verweilen bei einem einzigen Gedanken. Weiter lehrten sie, daß durch Erweckung von Gedanken eine objektive Welt projiziert wird und daß bei Unterdrückung der Gedanken eine innere Welt wahrgenommen wird.

Wie andere Zen-Meister weiß Shen-hsiu um die Existenz des Einen Geistes, und daß er in unserem eigenen, individuellen Geist gesucht werden muß, der mit allen Buddha-Tugenden ausgestattet ist. Daß diese Tatsache nicht erkannt wird, ist darauf zurückzuführen, daß wir gewöhnlich den Dingen der Außenwelt nachrennen, die das Licht des inneren Geistes verdunkeln. Statt vor dem eigenen Vater davonzulaufen, sollte man, so rät Shenhsiu, durch die Übung der Beruhigung nach innen schauen. Das ist soweit alles schön und gut, doch es fehlt Shen-hsiu an metaphysischer Einsicht, und seine Methode leidet unter diesem Mangel. Sie ist das, was gewöhnlich als «künstlich» oder «etwas tun» *(yu-tso)*, im Gegensatz zu «nichts-tun» *(wu-tso)*, oder «an sich sein» *(tzu-hsing)*, bezeichnet wird.

Der folgende Bericht im *T'an-ching* wird im Lichte der vorausgegangenen Feststellung aufschlußreich sein.[2]

40. Als Shen-hsiu bemerkte, daß einige Leute sich über Hui-nengs direkte und schnelle Methode, auf die Wahrheit hinzuweisen, unterhielten, rief er einen seiner Schüler namens Chih-ch'eng herein und sprach zu ihm: «Du hast einen sehr hellen Verstand voller Weisheit. Gehe mir zuliebe nach Ts'ao-ch'i Shan, und wenn du zu Hui-neng gelangst, erweise ihm deine Ehrerbietung und höre ihm nur einfach zu. Laß ihn aber nicht wissen, daß du von mir gekommen bist. Sowie du aber den Sinn des Gehörten erfaßt hast, merke ihn dir gut und komme zu mir zurück und erzähle mir alles von ihm. Ich will dann sehen, ob sein Verstand der schärfere ist oder der meine.»
Freudigen Herzens den Befehlen seines Meisters gehorchend, erreichte Chih-ch'eng nach einer Reise von ungefähr einem halben Monat Ts'ao-ch'i Shan. Er erwies Hui-neng die gebührende Ehrerbietung und hörte ihm zu, ohne ihm zu verraten, woher er kam. Während er zuhörte, begriff Chi-ch'eng sofort den Sinn von Hui-nengs Lehre. Er wußte nun um das Wesen seines ursprünglichen Geistes. Er erhob sich, machte Verbeugungen und sprach: «Ich komme aus dem Yu-ch'uan-Kloster, doch unter meinem Meister Hsiu war ich nicht imstande, Erkenntnis zu erlangen. Als ich aber jetzt Eurer Rede lauschte, habe ich sofort das Wesen des ursprünglichen Geistes erkannt. Seid barmherzig, Meister, und unterrichtet mich weiter darin.»
Hui-neng, der große Meister, sagte: «Wenn du von dorther kommst, bist du ein Spion.»

Chi-ch'eng erwiderte: «Als ich mich nicht zu erkennen gab, war ich es (ein Spion); doch nach meiner Erklärung bin ich es nicht.»

Der Sechste Patriarch sagte: «So verhält es sich auch mit der Behauptung, die Leidenschaften *(klesha)* seien nichts anderes als Erleuchtung *(bodhi)*.»

41. Der große Meister sagte zu Chi-ch'eng: «Ich höre, daß dein Meister die Menschen nur in der dreifachen Übung der moralischen Vorschriften *(shīla)*, der Meditation *(dhyāna)* und der transzendentalen Erkenntnis *(prajñā)* unterweist. Sage mir, wie dein Meister es tut.»

Chi-ch'eng sagte: «Der Meister Hsiu lehrt die moralischen Vorschriften, die Meditation und Erkenntnis in dieser Weise: Nichts Böses zu tun, ist die moralische Vorschrift; alles Gute zu tun, ist Erkenntnis, und den eigenen Geist zu reinigen, ist Meditation. Dies ist seine Auffassung von der dreifachen Übung, und seine Lehre stimmt damit überein. Welches ist Eure Auffassung, Meister?»

Hui-neng erwiderte: «Das ist eine wunderbare Auffassung, doch ich habe eine andere.»

Chi-ch'eng fragte: «Inwiefern eine andere?»

Hui-neng erwiderte: «Es gibt eine langsame und eine schnelle Auffassung.»

Chi-ch'eng bat den Meister, ihm *seine* Auffassung von den moralischen Vorschriften, der Meditation und Erkenntnis zu erklären.

Der große Meister sagte: «Höre denn auf meine Lehre. Meiner Auffassung nach ist der GEIST in sich selbst frei von allen Übeln – dies ist die Vorschrift des Selbst-Seins. Der GEIST ist in sich selbst frei von Störungen – dies ist die Meditation des Selbst-Seins. Der GEIST ist in sich selbst frei von Torheiten – dies ist die Erkenntnis des Selbst-Seins.»

Hui-neng, der große Meister, fuhrt fort: «Die von deinem Meister gelehrte dreifache Übung ist für Menschen von geringer Begabung bestimmt, während meine Lehre von der dreifachen Übung für geistig hochstehende Menschen bestimmt ist. Wenn das Selbst-Sein begriffen wird, hat es keinen Zweck mehr, die dreifache Übung zu begründen.»

Chi-ch'eng sagte: «Erklärt mir bitte, was mit diesem ‹keinen Zweck mehr› gemeint ist.»

Der große Meister sagte: «(Der GEIST als) Selbst-Sein ist frei von Übeln, Störungen und Torheiten, und jeder Gedanke ist daher transzendente Erkenntnis; innerhalb der Reichweite dieses erhellenden Lichtes sind keine Formen als solche zu erkennen. Infolgedessen hat es keinen Zweck, irgend etwas zu begründen. Man ist plötzlich zu diesem Selbst-Sein erwacht, und in ihm gibt es keine allmähliche Erkenntnis. Das ist die Ursache des Nicht-Begründens.»

Chi-ch'eng verneigte sich und verließ niemals mehr Ts'ao-ch'i Shan. Er wurde ein Schüler des großen Meisters und war stets um ihn.

Dieser Gegensatz zwischen Shen-hsiu und Hui-neng läßt uns verstehen, weshalb Shen-hsius Auffassung von der dreifachen Übung von Shen-hui, einem der großen Schüler Hui-nengs, als zum Typus des «etwas tun» gehörend bezeichnet wird, während diejenige von Hui-neng der Typus des Selbst-Sein ist, der als leer, klar und erleuchtend geschildert wird. Shen-hui fügt einen dritten Typus hinzu, «nichts-tun» genannt, bei dem die dreifache Übung in dieser Weise verstanden wird. Wenn keine

Gedanken aufsteigen, ist dies die Vorschrift; wenn es keine falschen Gedanken mehr gibt, ist dies Meditation, und wenn das Nichtvorhandensein falscher Gedanken wahrgenommen wird, ist dies transzendente Erkenntnis. Der «nichts-tuende» und der «selbst-seiende» Typus gleichen einander; der eine drückt negativ das aus, was der andere positiv ausdrückt.

Von Shen-hsiu ist überliefert, daß er sich noch über folgende fünf Gegenstände äußerte und sich dabei auf das *Erwachen des Glaubens im Mahāyāna*, das *Saddharma-pundarīka-*, das *Vimalakīrti-Sūtra*, das *Shiyakuyo-* und das *Avatamsaka-Sūtra* stützte. Die fünf Gegenstände sind:

1. Der Buddha-Leib, welcher vollkommene Erleuchtung bedeutet, die im Dharmakāya des Tathāgata ihren Ausdruck findet; 2. die dem Buddha eigentümliche intuitive Erkenntnis, die von den sechs Sinnen ungetrübt bleibt; 3. die vom Verstande nicht zu begreifende Freiheit, die dem Bodhisattva eigen ist; 4. das wahre Wesen aller Dinge, das klar und unbewegt bleibt, und 5. der vollkommen ungehinderte Zugang zur Erleuchtung, die durch das Eindringen in die Wahrheit der Nicht-Unterscheidung erlangt wird.

Diese von Shen-hsiu vertretenen Auffassungen sind an sich interessant genug; da sie uns aber hier nichts angehen, werden wir sie nicht ausführlicher behandeln. Wir werden jetzt zu Hui-neng übergehen.

DIE LEHRE
DES SECHSTEN PATRIARCHEN

Was Hui-neng (Wei-lang) am auffallendsten und in besonderer Weise sowohl von seinen Vorgängern als auch von seinen Zeitgenossen unterscheidet, ist seine Lehre des *honrai-mu-ichimotsu* (chin.: *pen-lai-wu-i-wu*, dt.: «Von Anbeginn [existiert] kein einziges Ding»). Dies ist eine der Zeilen, die sich gegen Shen-hsius Gāthā richten, auf die schon hingewiesen wurde. Die Gāthā, die Hui-neng der von Shen-hsin entgegenstellte, lautet:

Im Grund ist Bodhi gar kein Baum,
noch ist der klare Spiegel ein Gestell.
Da alles Leere ist von Anbeginn,
wo heftete sich Staub denn hin?

«Von Anbeginn existiert nichts» – das war die erste von Hui-neng abgegebene Erklärung. Sie ist eine in das Lager Shen-hsius geworfene Bombe. Durch sie hoben sich die Umrisse von Hui-nengs Zen scharf gegen den Hintergrund des Staubwischtyps der Zen-Meditation ab. Shen-hsiu hatte nicht völlig unrecht mit seiner Auffassung, denn es kann angenommen werden, daß Shen-hsius eigener Meister Hung-jen, der Fünfte Patriarch, der auch Hui-nengs Meister war, die gleiche Auffassung vertreten hat, wenn diese auch nicht so ausführlich dargelegt wurde wie diejenige von Shen-hsiu. Tatsächlich könnte Hung-jens Lehre auf beide Arten ausgelegt werden, so wie es von Shen-hsiu oder so wie es von Hui-neng geschah. Hung-jen war ein großer Zen-Meister, und in seiner Nachfolge wuchsen viele starke Persönlichkeiten heran, die zu bedeutenden geistigen Führern jener Zeit wurden. Unter ihnen waren Shen-hsiu und Hui-neng in vieler Hinsicht die hervorragendsten, und es kam zur Spaltung in zwei von ihnen geführte Lager. Shen-hsiu interpretierte Hung-jen von seinem Standpunkt aus, Hui-neng dagegen von dem seinen. Wie schon gesagt, erwies letzterer sich im Verlauf der Zeit als der Sieger, da er mit dem Denken und der Psyche des chinesischen Volkes in größerer Übereinstimmung war.

Aller Wahrscheinlichkeit nach enthielt Hung-jens Lehre etwas, das jener von Shen-hsiu zuneigte, denn Hung-jen hat seine Schüler anscheinend beständig angewiesen, «auf den GEIST achtzugeben». Als Nachfolger von Bodhidharma glaubte er natürlich an den GEIST, von dem dieses Weltall in seiner ganzen Vielfalt ausgeht, der aber an sich einfach, rein und erleuchtend wie die Sonne hinter den Wolken ist. «Auf diesen ursprünglichen GEIST achthaben» bedeutet, ihn von dem Nebelgewölk der Individualisierung freizuhalten, so daß sein reines Licht unvermindert erhalten bleibt und ewig erleuchten kann. Bei dieser Auffassung ist aber der Begriff des GEISTES und seine Beziehung zur Welt der Vielfalt nicht klar definiert, und aller Wahrscheinlichkeit nach wird die Folge eine Verwirrung der Begriffe sein.

Wenn der GEIST ursprünglich rein und unbefleckt ist, weshalb muß dann Staub von ihm abgewischt werden, der von nirgendwoher kommt? Ist nicht dieses Staubwischen, was dasselbe ist wie «achthaben», eine überflüssige Anstrengung des Zen-Übenden? Das Abwischen ist tatsächlich ein völlig unnötiger Kunstgriff. Wenn diese Welt aus dem GEIST entsteht, warum sollte sie dann nicht entstehen können, wie es ihr beliebt? Ihr Entstehen aufhalten zu wollen, indem man auf den GEIST achthat – ist das nicht eine Einmischung in dessen Wirken? Was den GEIST betrifft, würde es das logischste und natürlichste sein, ihn in seinem Erschaffen und Erleuchten fortfahren zu lassen.

Hung-jens Lehre vom Achthaben auf den GEIST bedeutet vielleicht, daß der Übende auf den eigenen individuellen Geist achthaben soll, damit er nicht dem ursprünglichen GEIST in die Quere kommt. Zugleich besteht aber die Gefahr, daß der Übende genau das Gegenteil von dem tut, was die Lehre der Nicht-Einmischung fordert. Das ist ein heikler Punkt, und die Meister müssen darin sehr genau sein – nicht nur was die Begriffe, sondern auch, was die praktischen Methoden der Schulung betrifft. Der Meister selbst mag eine klar umrissene Vorstellung von dem haben, was er bei seinem Schüler geistig erreichen möchte, doch letzterem mißlingt es nur zu oft, mit dem Meister Schritt zu halten. Aus diesem Grunde müssen die Methoden nicht nur der Person, sondern auch dem Alter angepaßt sein. Gerade deshalb werden Verschiedenheiten von den Schülern leidenschaftlicher betont als von zwei Meistern, die verschiedenartige Methoden vertreten.

Shen-hsiu neigte vielleicht eher dazu, den Prozeß des Achthabens oder Staubwischens zu lehren als denjenigen des Gewährenlassens. Letzterer hat seinerseits tiefe Fallgruben, in die seine Anhänger geraten können, denn er ist im wesentlichen das Ergebnis der Lehre von der Leere, das heißt von dem «von Anbeginn existiert kein einziges Ding».

Als Hui-neng erklärte: «Von Anbeginn existiert nichts»,

war der Grundton seines Zen-Denkens angeschlagen worden, und an ihm erkennen wir, wie groß der Unterschied ist, der zwischen ihm und seinen Vorgängern und Zeitgenossen besteht. Dieser Grundton war nie zuvor so deutlich angeschlagen worden. Wenn die ihm nachfolgenden Meister auf das Vorhandensein des ursprünglichen GEISTES in jedem individuellen Geist wie auch auf seine absolute Reinheit hinwiesen, wurde diese Idee der Gegenwart und Reinheit irgendwie als Andeutung der Existenz eines individuellen Leibes aufgefaßt, mochte man sich diesen auch noch so ätherisch und transparent vorstellen. Und die Schlußfolgerung war, man müsse diesen Leib aus dem Haufen verdunkelnden Materials ausgraben. Andererseits kann Hui-nengs Aussage über die Leere *(wu-i-wu)* uns in einen bodenlosen Abgrund stürzen lassen, der das Gefühl äußerster Verlorenheit hervorrufen kann. Die Philosophie der Prajñāpāramitā, welche auch diejenige Hui-nengs ist, hat gewöhnlich diese Wirkung. Um sie zu begreifen, bedarf der Mensch einer tiefen religiös-intellektuellen Einsicht in die Wahrheit der Shūnyatā (Leere). Wenn es von Hui-neng heißt, er habe eine Erweckung beim Anhören des *Vajrachchedikā-Sūtra (Diamant-Sūtra)* erlebt, das zur Prajñāpāramitā-Gruppe der Mahāyāna-Texte gehört, wissen wir sofort, worauf er sich stützt.

Die bis zur Zeit von Hui-neng vorherrschende Idee war diejenige, daß die Buddha-Natur, mit der alle Wesen begabt sind, vollkommen rein und unbefleckt ist, was ihr Selbst-Sein betrifft. Es ist daher die Aufgabe des Übenden, seine Selbst-Natur, welche die Buddha-Natur ist, in ihrer ursprünglichen Reinheit hervortreten zu lassen. Wie ich aber vorher schon sagte, kann diese Vorstellung den Übenden während der Übung zur Vorstellung von etwas

Gesondertem führen, das seine Reinheit hinter all der verwirrenden Dunkelheit behält, die seinen individuellen Geist umfängt. Seine Meditation wird vielleicht den Spiegel aufhellen können, in welchem er das Bild seines ursprünglichen reinen Selbst-Seins zu erblicken hofft. Das könnte statische Meditation genannt werden. Doch gelassen über die Reinheit des GEISTES nachzusinnen oder Betrachtungen anzustellen, kommt einer freiwilligen Abtötung des Lebens gleich, und Hui-neng protestierte leidenschaftlich gegen diese Art der Meditation. Im *T'an-ching* und in anderen Zen-Werken nach ihm begegnen wir oft dem Ausdruck «*k'an-ching*», was «die Reinheit im Auge behalten» bedeutet, und diese Übung wird verurteilt. «Die Reinheit im Auge behalten» ist nichts anderes als eine quietistische Kontemplation der eigenen Selbst-Natur oder des eigenen Selbst-Seins. Wenn die Vorstellung von «ursprünglicher Reinheit» das Ergebnis dieser Art der Meditation ist, bedeutet dies eine Verkennung des wahren Zen. Shen-hsius Lehre war offenbar stark vom Quietismus durchsetzt. Als Hui-neng dann verkündete: «Von Anbeginn existiert nichts», war diese Feststellung durchaus seiner eigenen Erkenntnis entsprungen, obgleich sie letzten Endes auf die Prajñāpāramitā zurückzuführen ist. Sie revolutionierte in der Tat die Meditations-Übung des Zen, indem sie am wirklich Buddhistischen festhielt und gleichzeitig den wahren Geist Bodhidharmas lebendig erhielt.

Hui-neng und seine Nachfolger verwendeten jetzt den neuen Ausdruck *chien-hsing* statt des alten *k'an-ching*. *Chien-hsing* bedeutet «Einsicht in das Wesen (des GEISTES)». *K'an* und *chien* beziehen sich beide auf den Gesichtssinn, doch bedeutet das Schriftzeichen *k'an*, das aus einer Hand und einem Auge besteht, die Beobachtung eines Gegenstandes, der unabhängig vom Beobachter ist; das Geschaute und der Schauende sind zwei getrennte Wesenheiten. *Chien*, bestehend aus nur einem Auge auf zwei gespreizten Beinen, bedeutet den reinen Akt des Schauens. Verbunden mit *hsing*, Natur, Wesen oder GEIST, ist es die Einsicht in das innerste Wesen der Dinge und kein Zuschauen in dem Sinn, wie im Sānkhya der Purusha dem Tanze der Prakriti zuschaut. Das Schauen ist kein Nachdenken über einen Gegenstand, so als hätte der Schauende nichts mit ihm zu tun. Das Schauen vereint vielmehr den Schauenden mit dem geschauten Gegenstand, und zwar nicht in bloßer Identifikation, sondern indem er desselben oder vielmehr dessen Wirkungsweise gewahr wird. Das Schauen ist eine aktive Tätigkeit, welche die dynamische Vorstellung von Selbst-Sein, das heißt vom GEIST, in sich schließt. Die von Hui-neng gemachte Unterscheidung zwischen *k'an* und *chien* kann daher als revolutionär in der Geschichte des Zen betrachtet werden.

Der Ausspruch «Von Anbeginn existiert nichts» zerstört also tatsächlich den Irrtum, der nur zu oft mit der Vorstellung von Reinheit verknüpft ist. Reinheit bedeutet in Wirklichkeit die Leere *(shūnyatā)*; sie ist die Negation aller Eigenschaften, ein Zustand völliger Nicht-heit, neigt aber irgendwie dazu, eine gesonderte Wesenheit außerhalb «dessen, der schaut» zu erzeugen. Die Tatsache, daß man auch im Zusammenhang mit der Leere das Schriftzeichen *k'an* benutzte, macht das deutlich. Wenn die Vorstellung «Von Anbeginn existiert nichts» an die Stelle von «die Selbst-Natur des GEISTES ist rein und unbefleckt» tritt, werden alle logischen und psychologischen Grundlagen, die man gewonnen hat, unter einem weggezogen, und man hat nichts mehr, worauf man fußen könnte. Das gerade ist die Erfahrung, die jeder echte Buddhist machen muß, bevor er zur Erkenntnis des GEISTES gelangen kann. Das Schauen ist die Folge davon, daß er nichts hat, worauf er zu fußen vermag. Hui-neng gilt daher als der Vater des chinesischen Zen.

Es stimmt, daß er zuweilen Ausdrücke gebraucht, die an die ältere Art der Meditation erinnern, wenn er von «Reinigen des Geistes» *(chin-hsin)*, der «ursprünglichen Reinheit und Unbeflecktheit des Selbst-Seins», der «Sonne, die von Wolken bedeckt ist» spricht. Dennoch ist die unmißverständliche Verurteilung der quietistischen Meditation deutlich aus allen seinen Werken zu vernehmen: «Wenn ihr ruhig, mit entleertem Geiste dasitzt, bedeutet dies das Versinken in völligem Nichts.» Und ferner: «Es gibt Menschen mit der verworrenen Vorstellung, die höchste Vollendung bestehe im ruhigen Dasitzen mit entleertem Geiste, wobei kein einziger Gedanke erlaubt ist.» Hui-neng rät daher, «weder an der Vorstellung von einem Geist noch an derjenigen von Reinheit festzuhalten, noch den Gedanken an Unbeweglichkeit zu verfolgen; denn nicht darin besteht unsere Meditation.» – «Wenn ihr die Vorstellung von Reinheit hegt und an ihr festhaltet, verwandelt ihr Reinheit in Lüge... Reinheit hat weder Form noch Gestalt, und wenn ihr den Anspruch erhebt, etwas dadurch erreicht zu haben, daß ihr eine Form schafft, die als Reinheit gelten soll, steht ihr eurer eigenen Selbst-Natur im Wege, seid ihr reinheitsgebunden.»

Es gibt soviele Arten der Bindung, wie es Arten des Festhaltens gibt. Wenn wir an der Reinheit festhalten, geben wir ihr dadurch Gestalt und sind reinheitsgebunden. Aus dem gleichen Grunde sind wir, wenn wir an der Leere festhalten und bei ihr verharren, leeregebunden;

wenn wir bei Dhyāna oder Versenkung verharren, sind wir dhyāna-gebunden. So groß die Vorzüge dieser geistigen Übungen auch sind, führen sie uns doch unvermeidlich zu einer Bindung der einen oder anderen Art. Darin gibt es keine Befreiung. Man könnte daher sagen, das ganze System der Zen-Lehre bestehe nur in einer Reihe von Versuchen, uns völlig von jeder Art von Bindung zu befreien. Selbst wenn wir von der «Einsicht in die eigene Selbst-Natur» sprechen, übt auch dieses Sehen eine bindende Wirkung auf uns aus, wenn wir es für etwas halten, das auf eine bestimmte Weise geschieht, das heißt, wenn das Sehen einen bestimmten Bewußtseinzustand darstellt. Denn dies ist das «Bindende».[3]

Der Meister (Shen-hui) fragte Teng: «Welche Übung empfehlt Ihr, damit man Einsicht in die eigene Selbst-Natur gewinnt?»

Teng antwortete: «Vor allem ist es notwendig, sich in der Meditation zu üben, indem man mit verschränkten Beinen ruhig dasitzt. Wenn man diese Übung völlig beherrscht, erwächst daraus Prajñā (intuitive Erkenntnis), und kraft dieser Prajñā wird Einsicht in die eigene Selbst-Natur gewonnen.»

Shen-hui fragte: «Ist das nicht eine nach einem besonderen Plan ausgeführte Übung, wenn man so meditiert?»

«Ja, das ist es.»

«In dem Fall ist dieser besondere Plan das Werk des begrenzten Bewußtseins; wie könnte das zur Einsicht in die eigene Selbst-Natur führen?»

«Für diese Einsicht müssen wir uns in der Meditation (dhyāna) üben: Wie könnten wir anders als durch diese Übung jemals zur Einsicht in die eigene Selbst-Natur gelangen?»

Shen-hui bemerkte dazu: «Dieses Üben in der Meditation ist letzten Endes nur aufgrund einer irrigen Auffassung von der Wahrheit möglich, und solange sie besteht, werden Übungen dieser Art nie zur (wahren) Meditation *(dhyāna)* führen.»

Teng führte näher aus: «Was ich mit der Erlangung der Meditation durch das Sich-Üben in der Meditation meine, ist dies: Wenn einem die Meditation gelang, ergibt sich eine innere und äußere Erleuchtung von selbst, und infolge dieser inneren und äußeren Erleuchtung schaut man die Reinheit. Wenn der eigene Geist rein ist, weiß man, daß er die Einsicht in die eigene Selbst-Natur besitzt.»

Shen-hui jedoch argumentierte weiter: «Wenn von der Einsicht in die eigene Natur gesprochen wird, weisen wir dann nicht auf diese Natur hin, als hätte sie ein Innen und ein Außen? Wenn Ihr von einer innen und außen erfolgenden Erleuchtung sprecht, bedeutet dies Einsicht in einen falsch verstandenen Geist; wie könnte das wirkliche Einsicht in die eigene Selbst-Natur sein? Wir lesen in einem Sūtra: ‹Wenn ihr mit der Beherrschung von Samādhi beschäftigt seid, bedeutet das Bewegung und kein Sitzen in Meditation. Der Geist strömt aus, sowie er mit der Umgebung in Berührung kommt. Wie kann das Meditation *(dhyāna)* genannt werden? Wenn diese Art der Meditation für echt gehalten würde, hätte Vimalakīrti den Shāriputra nicht zurechtgewiesen, als dieser behauptete, er übe sich in der Meditation.›»

In diesem kritischen Fragespiel enthüllt Shen-hui den Standpunkt Tengs und seiner Nachfolger, der Verteidiger der Reinheit; denn bei ihnen sind noch Spuren des Festhaltens zu entdecken, das heißt, sie postulieren eine bestimmte Geistesverfassung und halten sie für die endgültige Befreiung. Solange das Sehen darin besteht, *etwas* zu sehen, ist es nicht das richtige; erst wenn das Sehen ein Nichtsehen ist – das heißt, wenn das Sehen keinen bestimmten Akt der Einsicht in einen genau umschriebenen Bewußtseinszustand darstellt –, ist es die «Einsicht in die eigene Selbst-Natur». Paradox ausgedrückt: Wenn Sehen Nichtsehen ist, ist es wirkliches Sehen. Dies ist die Intuition der Prajñāpāramitā.

Da aber die Einsicht in die Selbst-Natur in keiner Beziehung zu einem bestimmten Bewußtseinszustand steht, der logischerweise oder relativ als ein Etwas definiert werden könnte, bezeichnen die Zen-Meister sie mit negativen Ausdrücken und nennen sie «Nicht-Gedanke» oder «Nicht-Bewußtsein», *wu-nien* oder *wu-hsin*. Nur wenn es «Nicht-Gedanke» oder «Nicht-Bewußtsein» ist, ist Sehen wirkliches Sehen. Ich habe vor, an anderer Stelle diesen Begriff «Nicht-Bewußtsein» *(wu-hsin)*, welcher das gleiche bedeutet wie «Nicht-Gedanke» *(wu-nien)*, zu analysieren, möchte aber hier weiterhin die Vorstellungen von Reinheit, Erleuchtung und Selbst-Natur im einzelnen behandeln, um die Gedankenwelt Huinengs als eines der größten Zen-Meister in der frühen Geschichte des chinesischen Zen heller zu beleuchten. Zu dem Zweck werde ich ein anderes Zitat aus den «Worten von Shen-hui» anführen, in dem wir durch den redegewandtesten Schüler von Hui-neng eine gute Erklärung dieser Punkte erhalten.

Chang-yen King fragte (Shen-hui): «Ihr sprecht gewöhnlich über das Thema des Wu-nien (‹Nicht-Gedanke› oder ‹Nicht-Bewußtsein›) und veranlaßt die Menschen, sich darin zu üben. Ich frage mich, ob es eine Realität gibt, die dem Begriff des Wu-nien entspricht oder nicht?»

Shen-hui antwortete: «Ich würde nicht sagen, Wu-nien sei eine Realität, und auch nicht, es sei keine.»

«Weshalb nicht?»

«Weil, wenn ich sage, es sei eine Realität, es das nicht in dem Sinn ist, in dem Menschen gewöhnlich von Realität sprechen; und wenn ich sage, es sei eine Nicht-Realität, es das nicht in dem Sinn ist, in dem Menschen gewöhnlich von Nicht-Realität sprechen. Folglich ist Wu-nien weder real noch irreal.»

«Wie würdet Ihr es denn nennen?»

«Ich würde ihm keinerlei Benennung geben.»

«Was könnte es dann sein?»

«Keine Bezeichnung irgendwelcher Art ist möglich. Deshalb sage ich, daß Wu-nien außerhalb des Bereiches wortreicher Erörterungen steht. Wenn wir überhaupt davon sprechen, dann nur aus dem Grunde, weil Fragen darüber gestellt werden. Wenn nicht danach gefragt würde, gäbe es keine Erörterungen darüber. Es ist wie bei einem klaren Spiegel. Wenn keine Gegenstände davor erscheinen, ist nichts in ihm zu sehen. Wenn du sagst, du erblicktest etwas darin, ist es, weil etwas davorsteht.»

«Nicht wahr, das Erleuchten selbst wird sinnlos, wenn der Spiegel nichts zu erleuchten hat?»

«Wenn ich von sich darbietenden Gegenständen und ihrer Erleuchtung spreche, verhält es sich in Wirklichkeit so, daß diese Erleuchtung als etwas Ewiges zum Wesen des Spiegels gehört und in keiner Weise zum Vorhandensein oder Fehlen von Gegenständen vor ihm in Beziehung steht.»

«Ihr sagt, Wu-nien besitze keine Gestalt, es stehe außerhalb des Bereiches wortreicher Erörterungen, und der Begriff der Realität oder Nicht-Realität sei darauf nicht anwendbar. Weshalb sprecht Ihr dann aber von Erleuchtung? Was für eine Erleuchtung ist es?»

«Ich spreche von Erleuchtung, weil der Spiegel klar und seine Selbst-Natur Erleuchtung ist. Da der Geist, der allen Dingen innewohnt, rein ist, enthält er das Licht der Prajñā, die die ganze Welt bis an ihre äußersten Grenzen erleuchtet.»

«Wenn dies der Fall ist, wann wird sie einem zuteil?»

«Blicke nur eben in das Nichtsein *(tan-chien-wu)*.»

«Selbst wenn es das Nichtsein ist, bedeutet es das Sehen von etwas.»

«Obgleich es Sehen ist, darf es nicht etwas genannt werden.»

«Wenn es nicht etwas genannt werden darf, wie ist das Sehen dann möglich?»

«Einsicht in das Nichtsein – dies ist das wahre Sehen, das ewige Sehen.»[4]

EINSICHT IN
DIE SELBST-NATUR

Der erste Grundsatz von Hui-neng, der seiner Zen-Erfahrung entsprang, lautete: «Von Anbeginn existiert nichts.» Von dort gelangte er weiter zur «Einsicht in die eigene Selbst-Natur», welche, da sie «kein Ding» ist, die Leere ist. Deshalb ist «Einsicht in die eigene Selbst-Natur» gleichbedeutend mit der von Shen-hui verkündeten «Einsicht in das Nichtsein». Diese Einsicht ist die Erleuchtung dieser Welt der Vielfalt durch das Licht der Prajñā. So wird Prajñā zu einem der Hauptpunkte, die im *T'an-ching* untersucht werden, und von da an verläuft der Strom des Zen-Denkens in einer anderen als der seit der Zeit Bodhidharmas verfolgten Richtung.

Im Mittelpunkt des Interesses stand am Anfang der Geschichte des Zen die Buddha-Natur oder Selbst-Natur, die allen Wesen eigen und absolut rein ist. Dies ist die Lehre des *Nirvāna-Sūtra*, an die alle Anhänger des Zen seit Bodhidharma fest glauben. Zu diesen gehörte natürlich Hui-neng. Offenbar kannte er diese Lehre schon, bevor er zum Fünften Patriarchen, Hung-jen, kam, da er darauf bestand, daß die Buddha-Natur allen Wesen gleicherweise eigen ist, ungeachtet der rassischen oder nationalen Unterschiede, die zwischen ihm und seinem Meister gefunden werden könnten. In der Biographie von Hui-neng, bekannt als das *Ts'ao-ch'i Tai-chi Pieh Tien* und vielleicht die älteste Schrift, die über sein Leben berichtet, wird behauptet, er sei unter den Zuhörern gewesen, als eine Nonne, die Schwester seines Freundes Lin, aus dem Nirvāna-Sūtra vorgetragen habe. Wenn Hui-neng nur das *Vajrachchedikā* studiert hätte, wie wir dem T'an-ching entnehmen, wäre es ihm nie möglich gewesen, mit Hung-jen so zu sprechen, wie es im *T'an-ching* geschildert wird. Seine Anspielung auf die Buddha-Natur ist ohne Zweifel auf das *Nirvāna-Sūtra* zurückzuführen. Mit diesem Wissen und dem bei Hung-jen erworbenen war er imstande, über die ursprüngliche Reinheit der Selbst-Natur und unsere Einsicht in diese Wahrheit als eine wesentliche Voraussetzung für das Verständnis des Zen-Gedankens zu sprechen. Bei Hung-jen, dem Meister von Hui-neng, war die Idee der Prajñā nicht so nachdrücklich hervorgehoben worden, wie es bei seinem Schüler geschieht. Letzterer wird von diesem Problem der Prajñā, besonders in deren Beziehung zum Dhyāna, völlig beherrscht.

Prajñā ist in erster Linie einer der drei Gegenstände der dreifachen buddhistischen Übung, der Übung in Moral *(shīla)*, Meditation *(dhyāna)* und Weisheit *(prajñā)*. Moral besteht in der Befolgung aller vom Buddha zum geistigen Wohl seiner Jünger gegebenen Vorschriften. Meditation ist die Übung in Versenkung, denn solange der Geist nicht durch Meditation unter Kontrolle gehalten wird, ist es nutzlos, nur rein mechanisch die Regeln des Verhaltens einzuhalten, die tatsächlich zur geistigen Beruhigung bestimmt waren. Weisheit oder Prajñā ist die Kraft des Eindringens in die eigene Wesensart wie auch die dadurch intuitiv erfaßte Wahrheit selbst. Daß alle drei von einem echten Buddhisten zu verwirklichen sind, versteht sich von selbst. Nach dem Buddha spaltete sich aber im Lauf der Zeit die dreifache Übung in drei gesonderte Studiengebiete. Diejenigen, welche die vom Buddha gegebenen moralischen Vorschriften befolgten, wurden Lehrer des Vinaya; die Anhänger der Meditation vertieften sich in verschiedene Arten des Samādhi und erlangten einige übernatürliche Kräfte wie Hellsehen, Gedankenlesen, Telepathie und Kenntnis ihrer früheren Existenzen. Jene, die der Prajñā nachstrebten, wurden zu Philosophen, Dialektikern oder intellektuellen Führern. Dieses einseitige Studium der dreifachen Übung ließ die Buddhisten vom richtigen Pfade des buddhistischen Lebenswandels abweichen, besonders im Dhyāna (Meditation) und was die Prajñā (Weisheit, intuitives Wissen) betrifft.

Diese Trennung von Dhyāna und Prajñā wurde besonders tragisch, als im Verlauf der Zeit Prajñā als dynamische Einsicht in die Wahrheit verstanden wurde. Zu Beginn der Trennung dachte man sich nichts Böses. Doch dann wurde Dhyāna eine Übung zur Abtötung des Lebens, die den Geist in einen Zustand der Erstarrung versetzte und die Übenden zu sozial nutzlosen Menschen werden ließ, während Prajñā, sich selbst überlassen, ihre Tiefe verlor und intellektuellen Spitzfindigkeiten gleichgesetzt wurde, die sich mit Begriffen und deren Analyse befaßten.

Dann erhob sich die Frage, ob Dhyāna und Prajñā zwei verschiedene Begriffe seien oder nicht, denen unabhängig von einander nachgestrebt werden müsse. Zur Zeit Hui-nengs wurde die Idee einer Trennung besonders stark von Shen-hsiu und seinen Anhängern betont, und die Folge davon waren Übungen zur Reinigung, das heißt in der Meditation des Staubwischens. Wir können sagen, daß Shen-hsiu dafür eintrat, Dhyāna an die erste und Prajñā nur an die zweite Stelle zu setzen, während

Hui-neng dies fast ins Gegenteil verkehrte, indem er sagte, Dhyāna ohne Prajñā führe zu schwerem Irrtum, doch wenn die Prajñā echt sei, werde Dhyāna gleichzeitig mit ihr vorhanden sein. Nach Hui-neng ist Dhyāna Prajñā und Prajñā Dhyāna, und wenn die Identität beider nicht begriffen werde, könne es keine Befreiung geben.

Hui-nengs Definition von Dhyāna ist: «Dhyāna *(tso-ch'an)* bedeutet, dem Geiste nicht verhaftet zu sein, bedeutet, der Reinheit nicht verhaftet zu sein, noch darf es irgend etwas mit Unbeweglichkeit zu tun haben... Was ist Dhyāna dann? Es bedeutet, daß man nicht in allem gehemmt ist. Durch keine äußeren Lebensverhältnisse, weder gute noch schlechte, auch nur einen einzigen Gedanken aufsteigen zu lassen – das ist *tso (dhyāna)*. Im Innern die Unbeweglichkeit der eigenen Selbst-Natur wahrzunehmen – das ist *ch'an (dhyāna)*... Außen vom Begriff der Form frei zu sein – das ist *ch'an*. Im Innern nicht abgelenkt zu werden – das ist *ting (dhyāna)*.

Ist ein Mensch außen der Form verhaftet, so ist sein Geist innen abgelenkt. Ist er aber außen der Form nicht verhaftet, so ist sein Geist nicht abgelenkt. Sein ursprüngliches Wesen ist rein und still, sofern es in sich selber ruht; es ist erst dann abgelenkt, wenn es eine objektive Welt anerkennt und sie für wirklich hält. Jene, die eine objektive Welt anerkennen, aber wissen, daß ihr Geist trotzdem nicht abgelenkt wird, befinden sich im wahren *Dhyāna*... Im *Vimalakīrti-Sūtra* heißt es: ‹Wenn ein Mensch plötzlich erweckt wird, kehrt er zu seinem ursprünglichen Bewußtsein zurück›, und im *Bodhisattva-Shīla* steht: ‹Meine ursprüngliche Selbst-Natur ist rein und unbefleckt.› Daher, o Freunde, erkennen wir in jedem Gedanken (den wir fassen) die Reinheit unserer ursprünglichen Selbst-Natur; wenn wir uns dazu erziehen und uns (in allen ihren Folgerungen) üben, können wir dadurch selbst Buddhas Wahrheit erlangen.»

Daraus ersehen wir, daß Hui-nengs Idee vom Dhyāna in keiner Weise dem traditionellen Dhyāna entsprach, wie es von den meisten seiner Vorgänger, vor allem von jenen der Hīnayāna-Richtung, befolgt und geübt worden war. Seine Idee ist die vom Mahāyāna, vor allem von Vimalakīrti, Subhūti, Mañjusrī und anderen großen Gestalten des Mahāyāna vertretene.

Hui-nengs Einstellung zum Dhyāna, zur Meditation, wird durch die folgende Geschichte, die von einem seiner Schüler berichtet wird, noch verständlicher:[5]

Im elften Jahre von Kai-yuan (723 A. D.) lebte in T'an-chou ein Zen-Meister, bekannt unter dem Namen Chih-huang, der sich einst unter dem großen Meister Jen geschult hatte. Später kehrte er in das Kloster Lu-shan in Chang-sha zurück, wo er sich Meditations-Übungen (tso-ch'an = dhyāna) widmete und dabei häufig in Samādhi (ting) einging. Sein Ruhm war weit verbreitet.

Zu der Zeit gab es einen anderen Zen-Meister, namens Tai-yung.[6] Der ging nach Ts'ao-ch'i und schulte sich unter dem großen Meister dreißig Jahre lang. Der Meister pflegte ihm zu sagen: «Du eignest dich zur Verbreitung der Lehre.» Schließlich verabschiedete Yung sich von seinem Meister und kehrte in den Norden zurück. Als Yung unterwegs an dem Ort vorbeikam, wo Huang zurückgezogen lebte, suchte er ihn auf und fragte ihn ehrerbietig: «Man sagte mir, Euer Ehrwürden gehe häufig in Samādhi ein. Darf angenommen werden, daß Ihr Euch bei einem solchen Eingehen weiterhin Euer Bewußtsein bewahrt? Oder verharrt Ihr in einem Zustand der Bewußtlosigkeit? Wenn Euer Bewußtsein weiterbesteht, so sind alle empfindenden Wesen mit Bewußtsein begabt und können wie Ihr in Samādhi eingehen. Wenn Ihr Euch dagegen in einem Zustande der Bewußtlosigkeit befindet, so können auch Pflanzen und Felsen in Samādhi eingehen.»

Huan erwiderte: «Wenn ich in Samādhi eingehe, bin ich mir keines der beiden Zustände bewußt.»

Yung sagte darauf: «Wenn ihr Euch keines der beiden Zustände bewußt seid, bedeutet dies Verharren in ewigem Samādhi, und es kann weder ein Eingehen in Samādhi noch ein Wiederauftauchen daraus geben.»

Huang erwiderte nichts. Er fragte: «Ihr sagt, daß Ihr von Neng, dem großen Meister, kommt. Welche Belehrung empfingt Ihr von ihm?»

Yung antwortete: «Seiner Belehrung zufolge sind Nicht-Beruhigung *(ting = Samādhi)*, Nicht-Störung, Nicht-Sitzen *(tso)*, Nicht-Meditation *(ch'an)* das Dhyāna des Tathāgata. Die fünf Skandhas haben keine Realität; die fünf Sinnesobjekte sind von Natur leer. ES ist weder ruhig noch erleuchtend; ES ist weder real noch leer; ES verbleibt nicht auf dem mittleren Wege; ES ist nicht-tuend, ES ruft keine Wirkung hervor und wirkt doch in äußerster Freiheit: Die Buddha-Natur ist allumschließend.»

Huang erkannte sofort den Sinn dieser Worte, und seufzend sagte er: «Diese letzten dreißig Jahre habe ich vergeblich gesessen!»[7]

Ein anderes Zitat aus dem *Leben des Ts'ao-ch'i, des Großen Meisters* wird die Bedeutung der oben angeführten Stellen noch klarer hervortreten lassen. Als der Kaiser Chungtsung der T'ang-Dynastie erfuhr, welchen Grad geistiger

Vollkommenheit Hui-neng erreicht hatte, schickte er einen Boten zu ihm, doch Hui-neng weigerte sich, in die Hauptstadt zu kommen. Woraufhin der Bote, Hsieh-chien, den Meister bat, in der von ihm vertretenen Lehre unterwiesen zu werden. Er sagte:

«Die großen Zen-Meister in der Hauptstadt lehren ihre Anhänger ausnahmslos, wie sie sich in der Meditation *(ts'o-ch'an, dhyāna)* üben sollen, denn ihnen zufolge ist ohne dieselbe keine Befreiung, kein Erreichen eines geistigen Zieles möglich.»

Darauf erwiderte Hui-neng: «Die Wahrheit wird durch den GEIST *(hsin)* begriffen und nicht durch Sitzen *(tso)* in Meditation. Im *Vajrachchedikā* heißt es: ‹Wenn die Menschen behaupten, der Tathāgata sitze oder liege, verstehen sie meine Lehre nicht. Denn der Tathāgata kommt nirgendwoher und geht nirgendwohin; deshalb heißt er Tathāgata (‹So gekommen›). Nicht von irgendwoher kommen ist Geburt, und nicht irgendwohin gehen ist Tod. Wo es weder Geburt noch Tod gibt, haben wir das reine Dhyāna des Tathāgata. Sehen, daß alle Dinge leer sind, bedeutet die Übung des Sitzens (in der Meditation) . . . Schließlich gibt es weder Erreichen noch Erkennen; um wieviel weniger ein Sitzen in Meditation!›»

Hui-neng argumentierte weiter: «Solange man die Dinge vom dualistischen Standpunkt aus betrachtet, gibt es keine Befreiung. Licht steht im Gegensatz zum Dunkel; die Leidenschaften stehen im Gegensatz zur Erleuchtung. Wenn diese Gegensätze nicht durch Prajñā erhellt werden, so daß die Kluft zwischen ihnen überbrückt wird, ist kein Verstehen des Mahāyāna möglich. Wenn Ihr auf der einen Seite der Brücke

41

bleibt und nicht imstande seid, die Einheit der Buddha-Natur zu begreifen, seid Ihr nicht einer der Unseren. Die Buddha-Natur kennt weder Abnahme noch Zunahme, sei es nun im Buddha oder im gewöhnlichen Sterblichen. Ist sie in den Leidenschaften, so wird sie nicht befleckt; wird über sie meditiert, so wird sie dadurch nicht reiner. Weder wird sie ausgelöscht noch verweilt sie; weder kommt sie noch geht sie; weder ist sie in der Mitte noch an einem der beiden Enden; weder stirbt sie noch wird sie geboren. Sie bleibt sich selbst die ganze Zeit gleich, ungewandelt in allem Wandel. Da sie nie geboren wird, stirbt sie auch nie. Nicht, daß wir Leben an die Stelle des Todes setzen. Die Buddha-Natur steht vielmehr über Geburt und Tod. Das Wesentliche ist, Dinge nicht für gut oder schlecht zu halten und dadurch eingeschränkt zu werden, sondern dem Geiste, so wie er an sich ist, Bewegungsfreiheit und die Möglichkeit zu lassen, seine unerschöpfliche Wirksamkeit auszuüben. Auf diese Weise bleibt man in Übereinstimmung mit dem Wesen des GEISTES.»

Hui-nengs Vorstellung vom Dhyāna war, wie wir gesehen haben, nicht die traditionelle, wie sie von Anhängern der beiden Fahrzeuge vertreten wurde. Sein Dhyāna war nicht die Kunst der Beruhigung des Geistes, damit dessen innerstes Wesen rein und unbefleckt aus seiner Umhüllung hervortrete. Sein Dhyāna war nicht das Ergebnis einer dualistischen Vorstellung vom GEIST. Der Versuch, durch Vertreiben des Dunkels zum Licht zu gelangen, ist dualistischem Denken entsprungen und wird den Übenden nie zum wahren Begreifen des GEISTES führen. Der Versuch, den Unterschied aufzuheben, ist ebenfalls irrig.

Deshalb bestand Hui-neng auf der Identität von Dhyāna und Prajñā, denn solange Prajñā von Dhyāna, und Dhyāna von Prajñā getrennt bleibt, wird keines von beiden richtig eingeschätzt. Einseitiges Dhyāna neigt bestimmt zu Quietismus und Tod, wofür es in der Geschichte des Zen und des Buddhismus reichlich Beispiele gibt. Aus diesem Grunde können wir Hui-nengs Dhyāna nicht getrennt von seiner Prajñā behandeln.

Offensichtlich wollte der Kompilator des *T'an-ching* in seinem Werk vor allem Hui-nengs Vorstellung von Prajñā erläutern und den Unterschied zwischen dieser und der traditionellen Auffassung zeigen. Der Titel des Tun-huang-Manuskriptes läßt unmißverständlich diese Absicht erkennen. Er lautet: «Das Sūtra der Mahāprajñā-pāramitā, des allerhöchsten Mahāyāna, (zugehörend) der Südlichen Schule, und die Auslegung ihrer Lehre der Plötzlichen Erweckung», während der darauffolgende eher wie ein Untertitel lautet, «Die Rede *(sūtra)* gehalten vom Hohen Sitz, (enthaltend) die von Hui-neng, dem Großen Lehrer, dem Sechsten Patriarchen zu Tai-fan Ssu in Shao-chou bekanntgegebene Lehre». So wie diese Titel dastehen, ist schwer zu sagen, welcher der Haupttitel ist. Wir wissen jedoch, daß das Sūtra die von Hui-neng gehaltenen Reden über Prajñā oder Prajñāpāramitā enthält, daß diese Lehre im Mahāyāna wie in der Südlichen Schule den höchsten Rang einnimmt und die Lehre von der Plötzlichen Erweckung betrifft, die seit Hui-nengs Zeiten die Unterweisung aller Zen-Schulen kennzeichnet.

Nach diesen Titeln machen die einleitenden Worte uns sofort mit dem Thema der Rede bekannt, vielleicht der ersten von Hui-neng gehaltenen, die von der Lehre der Prajñāpāramitā handelt. In der Tat beginnt Hui-neng selbst seine Rede mit der Ermahnung: «O meine guten Freunde, wenn ihr wollt, daß euer Geist gereinigt werde, denkt an die Mahāprajñāpāramitā.» Dem Text zufolge schweigt Hui-neng danach eine Weile, das eigene Herz reinigend. Während ich vermute, daß er das *Nirvāna-Sūtra* schon von früher her kannte, weist er gleich am Anfang dieser Rede auf die Tatsache hin, daß er das *Vajrachchedikā-Sūtra* anhörte, bevor er zu Hung-jen kam. Wie wir wissen, ist dieses Sūtra zur hauptsächlichen Autorität bei der Unterweisung im Zen geworden, wie es auch dasjenige der zum Prajñāpāramitā-Schrifttum gehörenden Sūtras ist, in dem die Lehre von der Prajñā äußerst knapp dargelegt wird. Zweifellos stand Hui-neng vom Beginn seiner Laufbahn an in enger Beziehung zur Prajñāpāramitā.

Selbst von der Unterweisung Hung-jens, unter dem Hui-neng den Buddhismus studierte, wird berichtet, sie habe gewisse Hinweise auf Prajñā enthalten. Während bezweifelt werden kann, daß Hung-jen ein so begeisterter Verfechter der Lehre von der Prajñā war wie Hui-neng, hielten die Kompilatoren ihn dennoch dafür. Denn Hung-jens Verkündigung lautet: «Zieht euch alle in eure Wohnungen zurück und meditiert, jeder für sich, über das *Chih-hui* (das chinesische Äquivalent von Prajñā), und jeder verfasse eine Gāthā, die das Wesen der Prajñā in eurem ursprünglichen Geist zum Gegenstand hat, und zeige sie mir.» Nimmt dies nicht bereits Hui-neng vorweg? Hung-jen hat vielleicht noch mehr gesagt, aber dies jedenfalls machte auf Hui-neng den stärksten Eindruck und durch ihn auf seinen Kompilator. Es ist auch bezeichnend, daß Hui-neng sich auf das *Vajrachchedikā* bezieht, als er die Absicht äußert, Shen-hsius Gedicht an der Wand zu lassen, an welcher er zuerst Lo-kung-fengs Bilder aus der Geschichte des Zen aufhängen wollte.

Tatsächlich ist die Lehre von der Prajñā mit derjenigen von der Shūnyatā (Leere) eng verbunden, die einen der wichtigsten Grundbegriffe des Mahāyāna bildet – wirklich so eng, daß letzteres seine Bedeutung vollkommen verliert, wenn die Idee der Shūnyatā in seiner Philosophie fallengelassen wird. Das Hīnayāna lehrt ebenfalls die Leerheit aller Dinge, doch seine Lehre erfaßt nicht so tief wie diejenige des Mahāyāna das Wesen unserer Erkenntnis. Die zwei Auffassungen des Hīnyāna und Mahāyāna hinsichtlich der Leere gehören, so können wir sagen, verschiedenen Rangstufen an. Als die Leere höher bewertet wurde als zuvor, begann die Geschichte des Mahāyāna. Um dies zu verstehen, bedurfte es der Prajñā, und natürlich sind Prajñā und Shūnyatā im Mahāyāna miteinander verbunden. Prajñā ist nicht länger bloße Erkenntnis, die sich mit relativen Objekten befaßt, sondern die höchste dem menschlichen Geiste gewährte Erkenntnis, denn sie ist der Funke aus dem letzten Wesensgrund aller Dinge.

In der Terminologie der chinesischen Philosophie bedeutet *hsing* in den meisten Fällen soviel wie der letzte Wesensgrund oder dasjenige, was bleibt, wenn bei einem Gegenstand alles Zufällige wegfällt. Es fragt sich aber, was zufällig und was wesentlich in der Zusammensetzung eines Gegenstandes ist, doch ich will mich nicht bei der Diskussion über diesen Punkt aufhalten, denn mich interessiert die Auslegung des *T'ang-ching* mehr als die chinesische Philosophie. Nehmen wir es als wahr an, daß es so etwas wie *hsing* gibt, das ein Letztes im Wesen eines Dinges oder einer Person ist, obgleich man es sich nicht als individuelle Wesenheit etwa von der Art eines Kernes vorstellen darf, der zurückbleibt, wenn alle äußeren Hüllen entfernt wurden, oder wie eine Seele, die nach dem Tode den Körper verläßt. Mit *hsing* ist etwas gemeint, ohne dessen Vorhandensein keine Existenz möglich oder denkbar wäre. Die morphologische Struktur des Schriftzeichens deutet darauf hin, daß es «ein lebendiges Herz oder Bewußtsein» im Inneren eines Individuums bedeutet. Bildlich gesprochen könnte man es Lebenskraft nennen.

Die chinesischen Übersetzer der in Sanskrit geschriebenen buddhistischen Texte machten sich dieses Schriftzeichen *hsing* zu eigen, um den in solchen Wörtern wie Buddhatā, Dharmatā, Svabhāva usw. enthaltenen Sinn auszudrücken. Buddhatā wurde übersetzt mit *fo-hsing*, «Buddha-Natur», Dharmatā mit *fa-hsing*, «Natur oder Wesen aller Dinge», und Svabhāva mit *tzu-hsing*, «Selbst-Natur» oder «Selbst-Sein». Im *T'an-ching* finden wir *hsing* in folgenden Zusammensetzungen: *tzu-hsing*, «Selbst-Natur»; *pen-hsing*, «ursprüngliche Natur»; *fo-hsing*, «Buddha-Natur»; *shih-hsing*, «erkennende Natur»; *chen-hsing*, «Wahrheits-Natur»; *miao-hsing*, «geheimnisvolle Natur»; *ching-hsing*, «reine Natur«; *ken-hsing*, «Wurzel-Natur»; *chiao-hsing*, «Erleuchtungs-Natur». Von diesen Zusammensetzungen wird der Leser bei Hui-neng am häufigsten *tzu-hsing*, «Selbst-Natur» oder «Selbst-Sein», «in sich selbst beruhen» begegnen.

Dieses *hsing* wird von Hui-neng folgendermaßen definiert: «Das *hsin* (Bewußtsein oder Herz-Geist) ist das Land, und *hsing* ist der Herr: Der Herr regiert sein Land, da ist *hsing*, und da ist der Herr; *hsing* stirbt, und der Herr ist nicht mehr da; *hsing* lebt, und Körper und Bewußtsein *(hsin)* leben; *hsing* ist nicht da, und Körper und Bewußtsein sind zerstört. Der Buddha muß im Innern des *hsing* Gestalt gewinnen und darf nicht außerhalb des Körpers gesucht werden...»[8]

An diesem Beispiel sucht Hui-neng uns klarzumachen,

was er unter *hsing* versteht. *Hsing* ist die Kraft, die unser ganzes Wesen beherrscht; es ist, körperlich und geistig, das Lebensprinzip. Nicht nur der Körper, sondern auch der Geist im höchsten Sinne ist in Tätigkeit, weil *hsing* ihm innewohnt. Ist *hsing* nicht mehr da, so ist alles tot, obgleich dies nicht bedeutet, daß *hsing* etwas von Körper und Geist Gesondertes ist, das in sie eingeht, um sie zu aktivieren, und das im Augenblick des Todes stirbt. Dieses geheimnisvolle *hsing* ist jedoch kein logisches *a priori*, sondern eine erfahrbare Wirklichkeit.

Selbst-Natur ist, mit anderen Worten, Selbst-Erkenntnis; sie ist kein bloßes Sein, sondern Erkennen. Wir können sagen, daß sie ist, indem sie sich erkennt; Erkennen ist Sein, und Sein ist Erkennen. Das ist der Sinn von Hui-nengs Erklärung: «In der ursprünglichen Natur an sich ist Prajñā-Erkenntnis und deshalb Selbst-Erkenntnis. Die Natur spiegelt sich in sich selbst, was unaussprechliche Selbst-Erleuchtung bedeutet» (§ 30). Wenn Hui-neng von Prajñā-Erkenntnis spricht, als sei sie aus der Selbst-Natur hervorgegangen (§ 27), entspricht dies den damals vorherrschenden Ansichten und versetzt uns in eine schwierige Lage, da daraus ein Dualismus von Selbst-Natur und Prajñā zu folgen scheint, was dem Geiste von Hui-nengs Zen-Denken völlig entgegen ist. Wir müssen daher auf der Hut sein, wenn wir das *T'an-ching* im Hinblick auf die Beziehung zwischen Prajñā und Selbst-Natur auslegen.

Wie es sich auch verhalten möge, wir sind jetzt bei der Prajñā angelangt, die im Licht des Dhyāna erklärt werden muß, dessen Bedeutung im Mahāyāna wir soeben untersucht haben. Doch bevor wir dies tun, möchte ich einiges über Selbst-Natur und Prajñā sagen. In der Mahāyāna-Philosophie gibt es drei Begriffe, zu denen Gelehrte Zuflucht nahmen, um die Beziehung zwischen der Substanz und ihrer Funktion zu erklären. Diese sind *tai* (Körper), *hsiang* (Form) und *yung* (Wirken), die zuerst in der Schrift *Das Erwachen des Glaubens im Mahāyāna* auftauchten, welche gewöhnlich Ashvaghosha zugeschrieben wird. Körper entspricht der Substanz, Form der Erscheinung und Wirken der Funktion. Der Apfel ist ein rötlicher, runder Gegenstand: das ist eine Form, in welcher er auf unsere Sinne einwirkt. Form gehört der Welt der Sinne, das heißt der Erscheinungen, an. Sein Wirken schließt alles ein, was er tut und wofür er steht, seinen Wert, seinen Nutzen, seine Funktion und so fort. Schließlich ist der Körper des Apfels das, was ihn zum Apfel macht. Ohne ihn verliert er sein Dasein und ist kein Apfel mehr, selbst wenn er alle ihm zugeschriebenen Merkmale und Funktionen besäße. Ein richtiges Objekt hat als Voraussetzung Körper, Form und Wirken.

Auf den Gegenstand dieser unserer Abhandlung angewandt, wäre, entsprechend diesen Begriffen, Selbst-Natur der Körper und Prajñā dessen Wirken, während hier nichts der Form entspricht, weil das Thema nichts mit der Welt der Formen zu tun hat. Da ist die Buddha-Natur, würde Hui-neng argumentieren, welche den Sinn der Buddhaschaft ausmacht und allen Wesen innewohnt, deren Selbst-Natur begründend. Der Zweck der Zen-Übung besteht darin, sie zu erkennen und vom Irrtum, nämlich den Leidenschaften, befreit zu werden.

Man könnte fragen, wie eine solche Erkenntnis möglich ist. Sie ist möglich, weil die Selbst-Natur zugleich Selbst-Erkenntnis ist. Der Körper ist Nicht-Körper ohne sein Wirken, und der Körper ist das Wirken. Er selbst zu sein heißt ihn zu kennen. In seinem Wirken wird sein Wesen offenbar, und dies Wirken ist, in Hui-nengs Terminologie, «Einsicht in die eigene Natur». Hände sind nicht Hände, existieren nicht, bis sie Blumen pflücken und sie dem Buddha darbringen; das gleiche gilt für die Beine, die keine Beine sind, bis sie über die Brücke gehen, den Strom durchwaten und den Berg ersteigen. Deshalb wurde nach Hui-neng diese Philosophie des Wirkens im Zen zur höchsten Vollkommenheit ausgebildet: Der arme Fragesteller wurde zu seiner, wie auch der arglosen Zuschauer Bestürzung geschubst, getreten, geschlagen und angeschrien. Die Anregung zu dieser «rauhen» Behandlung der Zen-Schüler gab Hui-neng, obgleich er anscheinend vermied, seine Philosophie der Verwendung in die Tat umzusetzen.

Wenn wir sagen, «Gewinne Einsicht in deine Selbst-Natur», kann dieses Sehen leicht für ein bloßes Wahrnehmen, bloßes Erkennen, bloßes statisches Nachdenken über die Selbst-Natur gehalten werden, die rein und unbefleckt ist und sich diese Eigenschaften in allen Wesen, wie auch in allen Buddhas, bewahrt. Shen-hsiu und seine Anhänger waren offenbar dieser Ansicht über das «Sehen». In Wirklichkeit ist aber das Sehen ein Akt, eine revolutionäre Tat von seiten des menschlichen Verstandes, von dem bis dahin angenommen wurde, seine Funktionen bestünden darin, Ideen logisch zu analysieren, Ideen, deren dynamische Deutung vermittels der Sinne wahrgenommen wird. Das «Sehen», vor allem wie Hui-neng es verstand, war weit mehr als nur ein passives Anschauen, eine bloße durch Kontemplation der Reinheit der Selbst-Natur gewonnene Erkenntnis. Das Sehen war für ihn die Selbst-Natur selbst, die sich ihm in ihrer ganzen Nacktheit darstellt und die ohne jede Einschränkung tätig ist. Daran können wir die große Kluft erkennen, die zwischen der Nördlichen Schule des Dhyāna und der Südlichen Schule der Prajñā besteht.

Shen-hsius Schule achtet mehr auf den Körper-Aspekt der Selbst-Natur und sagt ihren Anhängern, sie sollten vor allem bestrebt sein, sich auf die Erhellung des Bewußtseins zu konzentrieren, um in ihm das Spiegelbild der Selbst-Natur rein und unbefleckt zu erblicken. Sie vergaßen offenbar, daß die Selbst-Natur nicht ein Etwas ist, dessen Körper sich in unserem Bewußtsein widerspiegeln könnte, so wie ein Berg sich auf der stillen Oberfläche eines Sees widerspiegelt. Es gibt keinen solchen Körper in der Selbst-Natur, denn der Körper selbst ist das Wirken; außer in seinem Wirken gibt es keinen Körper, und mit diesem Wirken ist gemeint, daß der Körper sich so sieht, wie er an sich ist. Von Shen-hsiu wird dieser Aspekt der Selbst-Natur, des Selbst-Sehens oder der Prajñā völlig ignoriert. Hui-nengs Stellungnahme legt dagegen besonderen Nachdruck auf den von uns erfahrbaren Aspekt der Selbst-Natur.

Dieser grundlegende Unterschied zwischen Hui-nengs und Shen-hsius Auffassung von der Selbst-Natur, die das gleiche ist wie die Buddha-Natur, veranlaßte sie, hinsichtlich der Übung des Dhyāna, das heißt in der Methode des *tso-ch'an* (*zazen* auf japanisch) entgegengesetzte Wege einzuschlagen. Man lese die folgende Gāthā[9] von Shen-hsiu:

> Unser Körper ist der Bodhi-Baum,
> Und unser Geist ein heller Spiegel auf dem Gestell.
> Stunde um Stunde wischen wir ihn sorgfältig ab
> Und lassen keinen Staub sich darauf niederlassen.

Bei dem staubwischenden Typus der Meditation *(tso-ch'an, zazen)* ist es nicht leicht, über die Beruhigung des Geistes hinauszugelangen; sie neigt zu sehr dazu, im Stadium ruhiger Kontemplation zu verharren, das von Hui-neng als «die Übung des Achthabens auf die Reinheit» bezeichnet wird. Bestenfalls endet sie in Ekstase, Versenkung in sich selbst und einer zeitweiligen Ausschaltung des Bewußtseins. Es gibt darin kein «Sehen», kein Erkennen an sich, kein aktives Begreifen der Selbst-Natur, keine spontane Äußerung derselben, kein wie auch immer geartetes *chen-hsing* («Einsicht in die Natur»). Der staubwischende Typus ist daher die Kunst, sich mit einem selbstgefertigten Seil, einer künstlichen Konstruktion zu binden, die den Weg zur Befreiung versperrt. Kein Wunder, daß Hui-neng und seine Anhänger diese Reinheitsschule angriffen. Der quietistische, staubwischende und auf die Reinheit starrende Typus der Meditation war wahrscheinlich ein Aspekt des von Hung-jen, dem Meister von Hui-neng, wie auch von Shen-hsiu und vielen anderen gelehrten Zen. Hui-neng, der den wahren Geist des Zen begriff (höchstwahrscheinlich, weil er nicht durch Gelehrsamkeit gehemmt war), erkannte infolge seiner Aufgeschlossenheit dem Leben gegenüber sehr genau die Gefahr des Quietismus und riet daher seinen Anhängern, ihn unter allen Umständen zu meiden. Die meisten anderen Schüler von Hung-jen waren aber mehr oder weniger geneigt, sich den Quietismus als die orthodoxe Methode der Dhyāna-Übung zu eigen zu machen. Bevor Tao-i, im Volke unter dem Namen Ma-tsu bekannt, Huai-jang von Nan-yueh aufgesucht hatte, war auch er ein Stillsitzer, der die reine Leere der Selbst-Natur anstarren wollte. In seiner Jugend hatte er bei einem Schüler von Hung-jen Zen geübt. Selbst als er nach Nan-yueh kam, setzte er seine alten Übungen fort, indem er sein *tso-ch'an* («Sitzen in Meditation») beibehielt. Das erklärt folgendes Gespräch zwischen ihm und Huai-jang, einem der größten Schüler von Hui-neng.

Als Huai-jang sah, wie beharrlich Ma-tsu täglich das *tso-ch'an* übte, sprach er zu ihm: «Mein Freund, was bezweckst du mit dieser Übung des *tso-ch'an*?» Ma-tsu antwortete: «Ich möchte Buddhaschaft erlangen.» Daraufhin hob Huai-jang eine Ziegelscherbe auf und begann sie zu polieren. Ma-tsu fragte: «Was tut Ihr da?» «Ich möchte einen Spiegel daraus machen.» «Noch so viel Polieren macht keinen Spiegel aus einem Ziegelstein.» Huai-jang entgegnete sofort: «Noch so viel Üben des *tso-ch'an* macht dich nicht zu einem Buddha.» «Was soll ich dann tun?» fragte Ma-tsu. «Es ist wie beim Lenken eines Karrens», sagte Huai-jang. «Was soll der Fuhrmann tun, wenn der stehenbleibt? Soll er den Wagen peitschen oder den Ochsen?» Ma-tsu schwieg.

Ein anderes Mal sagte Huai-jang: «Hast du vor, Meister im *tso-ch'an* zu werden, oder hast du vor, Buddhaschaft zu erlangen? Wenn du Zen üben willst, besteht Zen weder im Sitzen mit verschränkten Beinen noch darin, sich hinzulegen. Falls du versuchst, Buddhaschaft durch Sitzen mit verschränkten Beinen in Meditation zu erlangen, hat der Buddha keine besondere Form. Wenn der Dharma keinen bestimmten Ort des Verweilens hat, kannst du darin keine Wahl treffen. Versuchst du Buddhaschaft durch Sitzen mit verschränkten Beinen in Meditation zu erlangen, so mordest du damit den Buddha. Solange du bei dieser Haltung bleibst, vermagst du niemals den GEIST zu erreichen.»

Also unterwiesen, hatte Ma-tsu das Gefühl, als tränke er etwas überaus Köstliches. Sich verbeugend, fragte er: «Wie soll ich mich vorbereiten, um mit dem Samādhi der Gestaltlosigkeit in Einklang zu sein?» Der Meister erwiderte: «Wenn du dich dem Studium des GEISTES hingibst, ist es, als streutest du Samen auf das Land; meine Unterweisung im Dharma gleicht dem herabströmenden Regen. Wenn die Zeit dafür gekommen ist, wirst du das Tao schauen.»[10]

Ma-tsu fragte von neuem: «Das Tao hat keine Gestalt, wie kann es da geschaut werden?»

Der Meister erwiderte: «Das Dharma-Auge des Geistes ist imstande, Einsicht in das Tao zu gewinnen. Ebenso verhält es sich mit dem Samādhi der Gestaltlosigkeit.»

Ma-tsu: «Kennt es Vollendung und Zerstörung?»

Meister: «Wenn wir darauf solche Begriffe wie Vollendung und Zerstörung, Sammlung und Zerstreuung anwenden, können wir niemals Einsicht in dasselbe gewinnen.»

In gewissem Sinn könnte man sagen, das chinesische Zen habe mit Ma-tsu und seinem Zeitgenossen Shi-t'ou begonnen, die beide in der Dharma-Nachfolge von Huineng standen. Doch bevor Ma-tsu im Zen fest begründet war, stand er noch unter dem Einfluß des staubwischenden und auf die Reinheit starrenden Typus des Dhyāna und verlegte sich äußerst eifrig auf die Übung des *tso-ch'an*, mit verschränkten Beinen in Meditation sitzend. Er hatte keine Ahnung vom Typus des Selbst-Sehens, keine Vorstellung davon, daß die Selbst-Natur, die selbst-seiend ist, auch selbst-sehend ist, daß es kein Sein ohne ein Sehen gibt, das Handeln ist, und daß diese drei Begriffe Sein, Sehen, Handeln synonym und austauschbar sind. Die Übung des Dhyāna mußte daher mit dem Auge der Prajñā versehen, und die beiden mußten als ein einziger Begriff und nicht als zwei gesonderte Begriffe betrachtet werden.

Kommen wir auf Hui-neng zurück. Wir verstehen

jetzt, weshalb er auf der Bedeutsamkeit von Prajñā bestehen und die Theorie der Einheit von Dhyāna und Prajñā aufstellen mußte. Im *T'an-ching* spricht er zuerst von der Einsicht in die eigene Selbst-Natur mittels Prajñā, mit der jeder von uns, sei er weise oder unwissend, begabt ist. Hier verwendet er die hergebrachte Ausdrucksweise, da er kein schöpferischer Philosoph ist. Entsprechend unseren eigenen Schlußfolgerungen, die wir oben zogen, gelangt die Selbst-Natur zu ihrem eigenen Sein, wenn sie sich selbst erblickt, und dieses Sehen geschieht durch Prajñā. Da Prajñā aber nur ein anderer Name für die Selbst-Natur ist, wenn diese sich selbst erblickt, gibt es keine Prajñā außerhalb der Selbst-Natur. Das Sehen *(chien)* wird auch Erkennen oder Begreifen oder, besser noch, Erfahren (*wu* auf chinesisch und *satori* auf japanisch) genannt. Das Schriftzeichen *Wu* besteht aus «Herz» (oder «Geist») und «mein»; das heißt «mein eigenes Herz», was soviel bedeutet wie in «meinem eigenen Herzen fühlen», oder «in meinem eigenen Geiste erfahren».

Selbst-Natur ist Prajñā und auch Dhyāna, wenn sie gleichsam statisch oder ontologisch betrachtet wird. Prajñā ist eher im Hinblick auf die Erkenntnis von Bedeutung. Nun verkündet Hui-neng die Einheit von Prajñā und Dhyāna. «O gute Freunde, das allerwesentlichste in meiner Lehre sind Dhyāna *(ting)* und Prajñā *(chin)*. Und, Freunde, laßt euch nicht täuschen und zu der Annahme verleiten, Dhyāna und Prajñā seien zu trennen. Sie sind eins und nicht zwei. Dhyāna ist der Körper der Prajñā, und Prajñā ist das Wirken des Dhyāna. Wenn Prajñā ergriffen wird, ist Dhyāna in Prajñā. Wird das verstanden, so wirken Dhyāna und Prajñā bei der Übung (der Meditation) zusammen. O Anhänger der Wahrheit *(tao)*, sagt nicht, zuerst werde Dhyāna erlangt und danach Prajñā erweckt, oder erst werde Prajñā erlangt und danach Dhyāna erweckt, denn sie seien getrennt. Die diese Ansicht vertreten, machen eine Zweiheit aus dem Dharma; es sind jene, die mit dem Munde bejahen und in ihrem Herzen verneinen. Sie betrachten das Dhyāna als etwas von Prajñā Getrenntes. Für jene aber, deren Mund und Herz übereinstimmen, sind das Innere und das Äußere eins, und Dhyāna und Prajñā werden von ihnen als das gleiche (d. h. als eins) angesehen.»[12]

Hui-neng erklärt ferner die Idee dieser Einheit am Beispiel der Beziehung zwischen der Lampe und ihrem Licht. Er sagt: «Es ist wie bei der Lampe und ihrem Licht. Wenn eine Lampe vorhanden ist, ist auch Licht vorhanden; ohne Lampe kein Licht. Die Lampe ist der Körper des Lichtes, und das Licht ist das Wirken der Lampe. Sie tragen verschiedene Bezeichnungen, sind aber im wesentlichen eins. Mit der Beziehung zwischen Dhyāna und Prajñā verhält es sich ebenso.»

Diese Analogie der Lampe und ihres Lichtes ist bei Zen-Philosophen sehr beliebt. Shen-hui verwendet sie ebenfalls in seiner Rede, die vom Autor in der Nationalbibliothek von Peiping entdeckt wurde. In seinen «Worten» (§ 19) findet sich folgende Aussage über die Einheit von Dhyāna und Prajñā; sie ist in der Antwort enthalten, die er einem Fragesteller gab. «Das ist wahres Dhyāna, bei dem keine Gedanken erweckt werden und Leere und Nirgendwo-Sein vorherrschen. Wenn dieses Nichterwecken von Gedanken, diese Leere und dieses Nirgendwo-Sein sich als Objekte der Wahrnehmung darbieten, ist wahre Prajñā vorhanden. Wo dieses (Mysterium) sich begibt, sagen wir, Dhyāna sei für sich allein genommen der Körper der Prajñā, von ihr nicht unterschieden und Prajñā selbst; und ferner, Prajñā sei für sich allein genommen das Wirken des Dhyāna, nicht von Dhyāna unterschieden und Dhyāna selbst. (Fürwahr), wenn Dhyāna für sich allein genommen werden soll, gibt es kein Dhyāna; wenn Prajñā für sich allein genommen werden soll, gibt es keine Prajñā. Weshalb nicht? Weil (Selbst-) Natur So-Sein ist, und dies ist mit der Einheit von Dhyāna und Prajñā gemeint.»

Darin sind Hui-neng und Shen-hui gleicher Ansicht. Da das oben Gesagte aber für den gewöhnlichen Verstand noch zu abstrakt sein wird, dürfte vielleicht schwer zu begreifen sein, was eigentlich damit gemeint ist. Shen-hui ist in der folgenden Darstellung konkreter und leichter verständlich.

Wang-wei, ein hoher Regierungsbeamter, zeigte großes Interesse für den Buddhismus. Als er von der Meinungsverschiedenheit zwischen Shen-hui und Hui-ch'eng, der anscheinend ein Anhänger von Shen-hsiu war, hörte, fragte er Shen-hui: «Weshalb diese Meinungsverschiedenheit?»

Shen-hui antwortete: «Diese Meinungsverschiedenheit ist darauf zurückzuführen, daß Ch'eng der Ansicht ist, erst müsse Dhyāna geübt werden, und erst nachdem dessen Ziel erreicht ist, werde Prajñā erweckt. Ich aber bin der Ansicht, daß in eben diesem Augenblick, da ich mich mit Euch unterhalte, Dhyāna vorhanden ist, Prajñā vorhanden ist, und daß beide ein und dasselbe sind. Nach dem *Nirvāna-Sūtra* trägt es zur Vermehrung der Unwissenheit bei, wenn mehr Dhyāna als Prajñā vorhanden ist; wenn mehr Prajñā als Dhyāna vorhanden ist, trägt dies zur Vermehrung falscher Ansichten bei; sind aber Dhyāna und Prajñā ein und dasselbe, so wird dies Einsicht in die Buddha-Natur genannt. Deshalb sage ich, daß wir aus diesem Grunde zu keiner Verständigung kommen können.»

Wang: «Wann heißt es von Dhyāna und Prajñā, sie seien eins?»

Shen-hui: «Wir sprechen von Dhyāna, doch was seinen Körper betrifft, ist nichts in ihm erreichbar. Man spricht von Prajñā, wenn man sieht, daß dieser Körper unerreichbar ist, der die ganze Zeit völlig ruhig und rein bleibt und doch in einer geheimnisvollen und unberechenbaren Weise tätig ist. Daran werden wir gewahr, daß Dhyāna und Prajñā identisch sind.»

Hui-neng und Shen-hui betonen beide die Bedeutung des Prajñā-Auges, das, auf sich selbst gerichtet, Einsicht in die Mysterien der Selbst-Natur erhält. Das Unerreichbare wird erreicht, das ewig Klare wahrgenommen, und Prajñā wird eins mit Dhyāna in seinen verschiedenen Tätigkeiten. Deshalb erklärt Shen-hui in seinem Gespräch mit Wang-wei, in diesem Gespräch sei sowohl Dhyāna als auch Prajñā gegenwärtig, dieses Gespräch selbst sei Prajñā und Dhyāna. Damit meint er, Prajñā sei Dhyāna und Dhyāna sei Prajñā. Wenn wir sagen, Dhyāna gebe es nur, wenn man mit verschränkten Beinen dasitzt und meditiert, und daß, wenn dieser Typus des Sitzens völlig beherrscht wird, Prajñā zum ersten Male erweckt wird, dann bewirken wir eine vollkommene Trennung von Prajñā und Dhyāna, was einem Dualismus gleichkommt, der den Anhängern des Zen stets verhaßt war. Ob man sich bewegt oder nicht bewegt, ob man spricht oder nicht spricht, immer muß Dhyāna darin enthalten sein, das ewigwährendes Dhyāna ist. Ferner müssen wir sagen, daß Sein Sehen und Sehen Handeln ist, daß es kein Sein, das heißt, keine Selbst-Natur ohne Sehen und Handeln gibt und Dhyāna nur Dhyāna ist, wenn es zugleich Prajñā ist. Folgendes ist ein Zitat von Ta-chu Hui-hai, der ein Schüler von Ma-tsu war.

Frage: «Wenn kein Wort gesprochen, keine Rede gehalten wird, ist dies Dhyāna; wenn aber Worte gesprochen und Reden gehalten werden, kann man es dann Dhyāna nennen?»

Antwort: «Wenn ich von Dhyāna spreche, steht es in keiner Beziehung zu reden oder nicht reden; mein Dhyāna ist ewigwährendes Dhyāna. Weshalb? Weil Dhyāna die ganze Zeit wirksam ist. Selbst wenn Worte gesprochen werden, ein Gespräch fortgesetzt wird, oder wenn unterscheidende Beweisführung im Vordergrund steht, immer ist Dhyāna mit eingeschlossen, denn alles ist Dhyāna.

Wenn ein Geist, der die Leere aller Dinge vollkommen begreift, sich Formen gegenübersieht, erkennt er sofort deren Leere. Für ihn herrscht immerzu Leere, ob er sich Formen gegenübersieht oder nicht, ob er redet oder nicht, ob er unterscheidet oder nicht. Das gilt für alles, was mit unserem Sehen, Hören, Gedächtnis und Bewußtsein im allgemeinen zusammenhängt. Warum ist dies der Fall? Weil alle Dinge in ihrer Selbst-Natur leer sind, und wohin wir auch gehen, treffen wir diese Leere an. Da alles leer ist, findet kein Haften an etwas statt, und aufgrund dieses Nichthaftens wird ein gleichzeitiges Wirken (von Dhyāna und Prajñā) möglich. Der Bodhisattva weiß immer, wie er die Leere verwenden kann, und dadurch erreicht er das Letzte. Deshalb heißt es, mit der Einheit von Dhyāna und Prajñā sei die Befreiung gemeint.»

Daß Dhyāna nichts mit bloßem Sitzen mit verschränkten Beinen in Meditation zu tun hat, wie gewöhnlich von Außenstehenden angenommen wird oder von Shen-hsiu und seiner Schule seit den Tagen Hui-nengs behauptet wurde, wird hier in unmißverständlicher Weise ausgesprochen. Dhyāna ist nicht Quietismus und auch nicht Beruhigung; es ist vielmehr Handeln, Bewegung, Vollbringen von Taten, Sehen, Hören, Denken und Erinnern; Dhyāna wird sozusagen da erlangt, wo kein Dhyāna geübt wird; Dhyāna ist Prajñā, und Prajñā ist Dhyāna, denn beide sind eins. Dies ist einer der Punkte, die alle Zen-Meister in der Nachfolge von Hui-neng besonders betonten.

Ta-chu Hui-hai fährt fort:

«Ich will es Euch an einem Beispiel erklären, damit Eure Zweifel schwinden und Ihr Euch erquickt fühlt. Es ist wie ein klarer, glänzender Spiegel, der Bilder widerspiegelt. Wenn der Spiegel dies tut, leidet dadurch in irgendwelcher Weise seine Klarheit? Nein, das tut sie nicht. Leidet sie dann vielleicht, wenn keine Bilder widergespiegelt werden? Nein, das tut sie nicht. Weshalb nicht? Weil das Wirken des klaren Spiegels keinen Einwirkungen ausgesetzt ist und sein Spiegelbild dadurch nie verdunkelt wird. Ob Bilder widergespiegelt werden oder nicht, ändert nichts an seiner Klarheit. Weshalb nicht? Weil dasjenige, das keinen Einwirkungen ausgesetzt ist, inmitten aller Bedingtheiten keinen Wechsel kennt.

Wiederum ist es wie die Sonne, welche die Welt erleuchtet. Ist das Licht irgendeinem Wechsel unterworfen? Nein, das ist es nicht. Wie aber, wenn es die Welt nicht erleuchtet? Es findet dann gleichfalls kein Wechsel in ihm statt. Weshalb nicht? Weil das Licht keinen Einwirkungen ausgesetzt ist; deshalb steht das von nichts berührte Sonnenlicht ewig über allem Wechsel, ob es nun Gegenstände erhellt oder nicht.

Nun ist das erhellende Licht Prajñā und die Unverständlichkeit Dhyāna. Der Bodhisattva verwendet Dhyāna und Prajñā in ihrer Einheit und empfängt dadurch Erleuchtung. Deshalb heißt es, die Verwendung von Dhyāna und Prajñā in ihrer Einheit sei gleichbedeutend mit Freiheit. Laßt mich hinzufügen, daß keinen Einwirkungen ausgesetzt zu sein das Fehlen der Leidenschaften, aber nicht der edlen Bestrebungen bedeutet, die frei von jeder dualistischen Seinsvorstellung sind.»

DIE EINHEIT VON VERBLENDUNG
UND ERLEUCHTUNG

In der Zen-Philosophie, tatsächlich in der ganzen buddhistischen Philosophie, wird kein Unterschied zwischen logischen und psychologischen Begriffen gemacht; das eine geht nahtlos in das andere über. Vom Standpunkt des Lebens aus kann es keine solchen Unterscheidungen geben, denn hier ist Logik Psychologie und Psychologie Logik. Aus diesem Grunde wird Ta-chu Hui-hais Psychologie bei Shen-hui zur Logik, und beide beziehen sich auf die gleiche Erfahrung. Wir lesen in Shen-huis «Worten» (§ 32): «Ein klarer Spiegel ist an einem erhöhten Standort aufgestellt; sein Glanz erreicht die Zehntausend Dinge, und sie spiegeln sich alle in ihm. Die Meister pflegen diese Erscheinung für etwas Wunderbares zu halten. Soweit es aber meine Schule betrifft, ist sie nicht der Ansicht, daß es etwas Wunderbares ist. Weshalb nicht? Der Glanz dieses klaren Spiegels erreicht die Zehntausend Dinge, und diese Zehntausend Dinge spiegeln sich *nicht* in ihm. Das würde ich für etwas höchst Wunderbares erklären. Weshalb? Der Tathāgata unterscheidet alle Dinge mit nichtunterscheidender Prajñā *(chih)*. Glaubt ihr, daß, wenn er einen unterscheidenden Geist besäße, er alle Dinge unterscheiden könnte?»

Das chinesische Wort für «Unterscheidung» ist *fen-pieh*, die Übersetzung von *vikalpa* im Sanskrit, einer der wichtigen buddhistischen Begriffe, die in verschiedenen Sūtras und Shāstras verwendet werden. Die ursprüngliche Bedeutung der chinesischen Schriftzeichen ist «mit einem Messer schneiden und trennen», was genau der Etymologie des *viklp* im Sanskrit entspricht. «Unterscheidung» bedeutet daher analytische Erkenntnis, den relativen und diskursiven Verstand, den wir bei unserem täglichen Umgang in der Welt und auch bei unserem hochspekulativen Denken gebrauchen. Denn es liegt im Wesen des Denkens, zu analysieren – das heißt, zu unterscheiden. Je schärfer das Seziermesser, desto subtiler die sich ergebende Spekulation. Entsprechend der buddhistischen Denkweise oder vielmehr der buddhistischen Erfahrung, beruht aber dieses Unterscheidungsvermögen auf der nichtunterscheidenden Prajñā *(chih* oder *chih-hui).* Diese bildet die wichtigste Grundlage des menschlichen Verstandes, und mit ihr sind wir imstande, Einsicht in die uns allen eigene Selbst-Natur zu gewinnen, die auch Buddha-Natur genannt wird. In der Tat ist die Selbst-Natur Prajñā selbst, wie weiter oben schon verschiedentlich festgestellt wurde. Und diese nicht-unterscheidende Prajñā ist das, was «frei von Einwirkungen» ist, wie Ta-chu Hui-hai in seiner Charakterisierung des Geist-Spiegels sagt.

So weisen denn Ausdrücke wie «nicht-unterscheidende Prajñā», «keinen Einwirkungen ausgesetzt sein», «von Anbeginn existiert nichts» alle auf die gleiche Quelle hin, welche der Urquell der Zen-Erfahrung ist.

Nun ist die Frage: Wie ist es dem menschlichen Geist möglich, von Unterscheidung zu Nicht-Unterscheidung, von Einwirkungen zum Freisein von Einwirkungen, von Sein zu Nichtsein, von Relativität zur Leere, von den Zehntausend Dingen zur inhaltlosen Spiegel-

Natur oder Selbst-Natur fortzuschreiten oder, buddhistisch ausgedrückt, von Mayoi (Verblendung) zu Satori (Erleuchtung)?[12] Wie diese Bewegung möglich sein kann, ist das größte Geheimnis nicht nur des Buddhismus, sondern jeder Religion und Philosophie. Solange diese Welt, wie der menschliche Geist sie sich vorstellt, eine Stätte der Gegensätze ist, gibt es keine Möglichkeit, ihr zu entrinnen und in eine Welt der Leere einzugehen, in der angeblich alle Gegensätze aufgehoben sind. Das Abwischen der Vielheit, auch die Zehntausend Dinge genannt, um in die Spiegel-Natur als solche Einsicht zu gewinnen, ist ein Ding der Unmöglichkeit. Trotzdem versuchen alle Buddhisten, dies zu erreichen.

Vom philosophischen Standpunkt aus ist die Frage nicht richtig gestellt. Es handelt sich nicht um das Abwischen der Vielheit, nicht um das Fortschreiten von Unterscheidung zu Nicht-Unterscheidung, von der Relativität zur Leere. Wo an den Prozeß des Abwischens geglaubt wird, herrscht die Auffassung, nach Beendigung des Abwischens trete die ursprüngliche Klarheit des Spiegels hervor, und deshalb setze der Prozeß sich ununterbrochen in einer einzigen Richtung fort. In Wirklichkeit ist aber das Wischen selbst das Werk der ursprünglichen Klarheit. Das «Ursprüngliche» steht in keiner Beziehung zur Zeit in dem Sinn, daß der Spiegel früher einmal, in ferner Vergangenheit, rein und unbefleckt gewesen wäre, und nun, da er es nicht mehr ist, aufpoliert und seine ursprüngliche Klarheit wiederhergestellt werden müsse. Die Klarheit ist immer vorhanden, selbst wenn man meint, er sei mit Staub bedeckt und widerspiegele die Dinge nicht wie er sollte. Die Klarheit ist nicht etwas, das wiederhergestellt werden müßte, sie ist nicht etwas, das nach Beendigung der Prozedur wieder zum Vorschein kommt; der Spiegel hat sie nie verloren. Dies ist gemeint, wenn das *T'an-ching* und andere buddhistische Schriften erklären, die Buddha-Natur sei die gleiche in allen Wesen, so gut in den Unwissenden wie in den Weisen.

Da die Erlangung des Tao keine fortlaufende Bewegung von Irrtum zu Wahrheit, von Unwissenheit zu Erleuchtung, von Mayoi zu Satori zur Voraussetzung hat, erklären alle Zen-Meister, es gebe keine wie auch immer geartete Erleuchtung, von der man behaupten könne, man habe sie erlangt. Wenn man behauptet, man habe etwas erlangt, ist das der sicherste Beweis dafür, daß man in die Irre gegangen ist. Nichtbesitzen ist daher besitzen, Schweigen ist Donner, Unwissenheit ist Erleuchtung; die heiligen Schüler des Reinheitspfades fahren zur Hölle, während die Bhikshus, welche die Regeln verletzen, Nirvāna erlangen; das Abwischen bedeutet Ansammeln von Schmutz. Alle diese paradoxen Aussprüche – und die Zen-Literatur ist voll davon – sind nichts anderes als ebensoviele Negationen der fortlaufenden Bewegung von Unterscheidung zu Nicht-Unterscheidung, von der Empfänglichkeit für Einwirkungen zur Unberührtheit davon.

Die Idee einer fortlaufenden Bewegung trägt den Tatsachen nicht Rechnung, daß erstens der Prozeß der Bewegung vor dem ursprünglich klaren Spiegel haltmacht und nicht versucht, sich unendlich fortzusetzen, und daß zweitens die reine Natur des Spiegels dessen Beschmutzung zuläßt, das heißt, daß aus dem einen Objekt ein ihm völlig widersprechendes anderes Objekt entsteht. Anders ausgedrückt: Absolute Negation ist notwendig, doch wie ist sie möglich, wenn der Prozeß ein fortlaufender ist? Aus diesem Grunde hat Hui-neng die von seinen Gegnern vertretene Auffassung so hartnäckig bekämpft. Er macht sich nicht die Lehre von der Kontinuität zu eigen, die von Shen-hsius Schule der Allmählichen Erweckung vertreten wird. Alle jene, die eine fortlaufende Bewegung annehmen, gehören letzterer an. Hui-neng ist dagegen Verteidiger der Schule der Plötzlichen Erweckung. Nach dieser Schule ist die Bewegung von Mayoi zu Satori eine plötzliche und nicht allmähliche, eine zusammenhanglose und nicht fortlaufende. Daß der Vorgang der Erleuchtung ein plötzlicher ist, bedeutet, daß, nach buddhistischer Erfahrung, logisch und psychologisch ein Sprung erfolgt. Der logische Sprung besteht darin, daß das gewöhnliche, vernunftmäßige Denken plötzlich aufhört und was bisher für irrational galt nun als völlig natürlich empfunden wird, während durch den psychologischen Sprung die Grenzen des Bewußtseins überschritten werden und man in das UNBEWUSSTE taucht, das übrigens nicht unbewußt ist. Dieser Vorgang erfolgt zusammenhanglos, plötzlich und völlig unberechenbar; dies ist die «Einsicht in die eigene Selbst-Natur». Das erklärt die folgende Darlegung von Hui-neng:

«O Freunde, während ich mich bei Jen, dem Meister, aufhielt, erlebte ich dadurch ein Satori, daß ich nur ein einziges Mal seinen Worten lauschte und plötzlich Einsicht in die ursprüngliche Natur des So-Seins gewann. Das ist der Grund, weshalb ich diese Lehre verbreitet sehen möchte, damit Wahrheitssucher ebenfalls plötzlich Einsicht in Bodhi gewinnen können und jeder für sich einsehen kann, welcher Art sein Herz-Geist, welcher Art seine ursprüngliche Natur ist... Alle Buddhas der Vergangenheit, Gegenwart und Zukunft und alle Sūtras, die zu den zwölf Abteilungen gehören, sind in der Selbst-Natur eines jeden Individuums enthalten, wo sie von Anbeginn waren ... In einem selbst ist dasjenige, das weiß, und dadurch erlebt man Satori. Wenn ein falscher Gedanke aufsteigt, gewinnt Falsches und Verkehrtes die Oberhand, und keine noch so klugen Außenstehenden sind imstande, solche Menschen zu belehren, denen wirklich nicht zu helfen ist. Wenn aber durch echte Prajñā eine Erleuchtung erfolgt, verschwindet sofort alles Falsche. Hat man erst seine Selbst-Natur begriffen, so genügt das eigene Satori, um einen zur Buddhaschaft emporsteigen zu lassen. Freunde, wenn eine Prajñā-Erleuchtung erfolgt, wird sowohl das Innere als auch das Äußere vollkommen transparent, und ein Mensch weiß allein, welcher Art sein ursprünglicher Geist ist, was nichts anderes als Befreiung bedeutet. Wenn Befreiung erlangt wird, ist das der Prajñā-Samādhi, und wenn dieser Prajñā-Samādhi begriffen wird, ist damit ein Zustand von Munen (chin.: *wu-nien*), «Gedanken-Leere», verwirklicht.

Die Lehre vom plötzlichen Satori bildet also die wesentliche Grundlage der Südlichen Schule Hui-nengs. Und wir dürfen nicht vergessen, daß dieses Plötzliche oder Sprunghafte nicht nur psychologisch, sondern auch dialektisch zu verstehen ist.

Prajñā ist in der Tat ein dialektischer Ausdruck, der besagt, daß dieser besondere Vorgang des Erfahrens, bekannt als «plötzlich sehen» oder «sofort sehen», nicht den gewöhnlichen Gesetzen der Logik folgt; denn wenn Prajñā wirksam ist, sieht man sich ganz plötzlich, wie durch ein Wunder, Shūnyatā, der Leere aller Dinge, gegenüber. Dies geschieht nicht als Folge von Beweisführungen, sondern nachdem diese als nutzlos aufgegeben wurden, und psychologisch, wenn keine Willenskraft mehr vorhanden ist.

Das Wirken der Prajñā widerspricht allem, was wir uns an irdischen Dingen vorstellen können; sie gehört einer völlig anderen Ordnung an als unser tägliches Leben. Das bedeutet aber nicht, daß Prajñā etwas von unserem Leben und Denken völlig Getrenntes ist, etwas, das uns durch ein Wunder aus einer unbekannten und unerkennbaren Quelle gespendet werden muß. Wäre das der Fall, so würde Prajñā ohne jeden Nutzen für uns sein, und es gäbe für uns keine Befreiung. Es trifft zu, daß das Wirken der Prajñā ein unzusammenhängendes ist und den Verlauf logischer Beweisführung unterbricht. Es liegt ihr aber die ganze Zeit über zugrunde, und es gäbe für uns ohne Prajñā überhaupt keine Beweisführung. Prajñā steht zugleich über und in dem Vorgang derselben. Das ist formal betrachtet ein Widerspruch, doch in Wirklichkeit wird gerade dieser Widerspruch durch Prajñā möglich.

Daß fast die ganze religiöse Literatur voll von Widersprüchen, Absurditäten, Paradoxien und Unmöglichkeiten ist und dabei verlangt, daß man sie als offenbarte Wahrheiten glaubt und annimmt, ist darauf zurückzuführen, daß religiöse Erkenntnis auf dem Wirken von Prajñā beruht. Wird Prajñā erst einmal unter diesem Gesichtspunkt betrachtet, so werden alle wesentlichen Irrationalitäten in der Religion verständlich. Es ist wie bei der Würdigung eines schönen Stückes Brokat. An der Oberfläche bietet sich eine fast verwirrende Fülle des Schönen, und selbst der Kenner vermag nicht, den verwobenen Fäden zu folgen. Sobald der Stoff aber umgewendet wird, offenbart sich die der Vielfalt zugrunde liegende Ordnung des Gewebes. Prajñā besteht in diesem Umwenden. Das Auge hat bisher nur die Oberfläche des Stoffes geprüft, tatsächlich die einzige Seite, die unser gewöhnliches Bewußtsein uns zu sehen erlaubt. Nun wird der Stoff plötzlich umgewendet; die alte Weise zu sehen wird plötzlich unterbrochen; kein ungestörtes Anschauen ist mehr möglich. Dennoch wird durch diese Unterbrechung, oder vielmehr dieses Zerreißen, der ganze Entwurf des Lebens plötzlich begriffen; das ist die «Einsicht in die eigene Selbst-Natur».

Ich möchte hier besonders betonen, daß die Seite der zugrundeliegenden Ordnung die ganze Zeit über vorhanden war, und daß wegen dieser unsichtbaren Seite die sichtbare ihre vielfache Schönheit entfalten konnte. Dies ist der Sinn der unterscheidenden Beweisführung, die auf der nicht-unterscheidenden Prajñā beruht; dies ist der Sinn der Erklärung, daß die Spiegel-Natur der Leerheit *(shūnyatā)* die ganze Zeit über ihre ursprüngliche Klarheit behält und kein einziges Mal von irgend etwas «da draußen» getrübt wird, das sich in ihr spiegelt. Das ist ferner der Sinn dessen, daß alle Dinge so sind, wie sie sind, obgleich sie ihre Ordnung in Zeit und Raum haben und den sogenannten Naturgesetzen unterworfen sind.

Dieses Etwas, das alles bedingt und selbst durch nichts bedingt wird, wird mit verschiedenen Namen bezeichnet, je nachdem, von wo aus man es betrachtet. Räumlich wird es als «gestaltlos» bezeichnet, im Gegensatz zu allem, was unter Form subsumiert werden kann. Zeitlich ist es «nichtbleibend», da es sich ewig fortbewegt und nicht in Stücke, Gedanken genannt, aufgeteilt wird, Stücke, die wie etwas Bleibendes aufgehalten und zurückbehalten werden können. Psychologisch ist es «das Unbewußte» in dem Sinn, daß alle unsere bewußten Gedanken und Gefühle aus dem UNBEWUSSTEN hervorgehen, das GEIST *(hsin)* oder Selbst-Natur *(tzu-hsing)* ist.

Da Zen mehr an der Erfahrung und daher an der Psychologie interessiert ist, wollen wir näher auf die Idee des UNBEWUSSTEN eingehen. Die ursprüngliche chinesische Bezeichnung dafür ist *wu-nien* (jap.: *munen*) oder *wu-hsin* (jap.: *mushin*); sie bedeutet wörtlich «Nicht-Gedanke» oder «Nicht-Bewußtsein». *Nien* oder *hsin* bedeutet aber mehr als Gedanke oder Bewußtsein. Das habe ich an anderer Stelle ausführlich erklärt. Es ist schwer, das genau entsprechende fremdsprachige Wort für *nien* oder *hsin* zu finden. Hui-neng und Shen-hui verwenden hauptsächlich *nien* statt *hsin*, doch es gibt andere Zen-Meister, die *hsin* dem *nien* vorziehen. In der Tat bezeichnen beide die gleiche Erfahrung: *wu-nien* und *wu-hsin* weisen auf den gleichen Bewußtseinszustand hin.

Das Schriftzeichen *hsin* ist ursprünglich Symbol für das Herz als Organ der Zuneigung, wurde aber später auch dazu verwendet, den Sitz des Denkens und Wollens zu bezeichnen. *Hsin* hat also eine umfassende Bedeutung und kann weitgehend dem Bewußtsein gleichgesetzt werden. *Wu-hsin* ist «Nicht-Bewußtsein», also das Unbewußte. Das Schriftzeichen *nien* hat *chien*, «jetzt», über dem Herzen und kann ursprünglich irgend etwas, das gerade im Bewußtsein gegenwärtig ist, bedeutet haben. Im buddhistischen Schrifttum steht es häufig für das Sanskritwort *kshana*, das soviel bedeutet wie «ein Gedanke», «ein als Zeiteinheit betrachteter Moment», «ein Moment»; als psychologischer Begriff wird es aber gewöhnlich verwendet, um «Gedächtnis», «intensives Denken» und «Bewußtsein» zu bezeichnen. *Wu-nien* bedeutet also das »Unbewußte».

Was verstehen nun die Zen-Meister unter dem UNBE-WUSSTEN? Es ist klar, daß im Zen-Buddhismus das UN-BEWUSSTE kein psychologischer Begriff ist, weder im engeren noch im weiteren Sinn. In der modernen Psychologie verstehen die Wissenschaftler das Unbewußte als etwas, das dem Bewußtsein zugrunde liegt und in dem sich eine große Anzahl Faktoren unter dem einen oder anderen Namen verbirgt. Manchmal erscheinen diese Faktoren im Bewußtsein auf einen Ruf hin, also infolge einer bewußten Anstrengung, nicht selten aber unvermutet und in einer Verkleidung. Dieses Unbewußte näher zu bestimmen, bringt die Psychologie in Verlegenheit, gerade weil es das Unbewußte ist. Tatsache ist jedoch, daß es eine Fülle von Geheimnissen birgt und eine Quelle des Aberglaubens ist. Aus diesem Grunde ist der Begriff des Unbewußten von vielen Sektierern mißbraucht worden, und es gibt Menschen, die meinen, auch das Zen habe sich dieses Vergehens schuldig gemacht. Die Beschuldigung wäre berechtigt, wenn die Zen-Philosophie weiter nichts als eine Psychologie des Unbewußten im üblichen Sinn wäre.

Nach Hui-neng bildet der Begriff des UNBEWUSSTEN die Grundlage des Zen-Buddhismus. Er schlägt tatsächlich drei Begriffe vor, die als Grundlage des Zen zu gelten hätten, und einer derselben ist das UNBEWUSSTE; die beiden anderen sind «Gestaltlosigkeit» und «Nicht-Bleiben» *(wu-chu)*. Hui-neng fährt fort: «Mit Gestaltlosigkeit ist gemeint, eine Gestalt zu haben und doch von ihr losgelöst zu sein; mit dem UNBEWUSSTEN ist gemeint, Gedanken zu hegen und sie trotzdem nicht zu hegen; und was das Nicht-Bleiben betrifft, so ist es die ursprüngliche Natur des Menschen.»

Seine weitere Definition des UNBEWUSSTEN lautet:

«O gute Freunde, den GEIST nicht beflecken lassen, während man mit allen Lebensbedingungen[13] in Berührung bleibt – dies bedeutet, das UNBEWUSSTE zu sein. Es bedeutet das beständige Freisein von objektiven Bedingungen im eigenen Unbewußten, seinen Geist durch die Berührung mit objektiven Bedingungen nicht erregen zu lassen... O gute Freunde, weshalb ist das UNBEWUSSTE so wichtig als Grundlage? Es gibt Leute mit wirren Ideen, die von Einsicht in die eigene Natur reden, deren Bewußtsein aber nicht von objektiven Bedingungen frei ist, und (meine Unterweisung) geschieht nur um jener Leute willen. Sie sind sich nicht nur objektiver Bedingungen bewußt, sondern bringen es auch noch fertig, verkehrte Ansichten zu hegen, auf die alle irdischen Sorgen und Unsicherheiten zurückzuführen sind. In der Selbst-Natur ist von Anbeginn nichts, das erreichbar wäre. Wenn man sich hier irgend etwas Erreichbares vorstellt, handelt es sich um Glück und Unglück, und das bedeutet nichts anderes, als daß man sich sorgt und sich seinen Stimmungen überläßt. Deshalb mache ich das Unbewußt-Sein zur Grundlage meiner Unterweisung.

O gute Freunde, was sollte *wu* [von *wu-nien*, Unbewußt-Sein] verneinen? Und wessen sollte *nien* sich bewußt sein? *Wu* bedeutet die Verneinung der Vorstellung von zwei Gestalten (Dualismus) und die Befreiung von einem Geiste, der sich um Dinge sorgt, während *nien* bedeutet, sich der ursprünglichen Natur des So-Seins [*tathatā*] bewußt zu werden; denn So-Sein ist der Körper des BEWUSSTSEINS, und das BEWUSSTSEIN ist das Wirken des So-Seins. Es liegt in der Selbst-Natur des So-Seins, seiner selbst bewußt zu werden; nicht Auge, Ohr, Nase und Zunge sind bewußt. Da So-Sein (Selbst-)Natur besitzt, steigt Bewußtsein in ihm auf; wenn es kein So-Sein gäbe, würden Auge und Ohr zusammen mit allen Formen und Klängen zerstört werden. In der Selbst-Natur des So-Seins steigt Bewußtsein auf, während die sechs Sinne die Funktion des Sehens, Hörens, Erinnerns und Erkennens haben. Die Selbst-Natur wird nicht durch alle möglichen objektiven Bedingungen befleckt; die wahre Natur bewegt sich in vollkommener Freiheit und unterscheidet alle Gestalten der objektiven Welt, innerlich unbewegt im Urgrund verharrend.»

Wenn es auch schwierig und oft irreführend ist, die modernen Denkmethoden auf jene alten Meister anzuwenden, besonders auf Meister des Zen, müssen wir doch bis zu einem gewissen Grad diese Anwendung wagen, weil sonst selbst ein flüchtiger Blick in die Geheimnisse des Zen nicht möglich sein wird. Einmal haben wir das, was Hui-neng die Selbst-Natur nennt, welche das gleiche ist wie die Buddha-Natur des *Nirvāna-Sūtra* und anderer Schriften des Mahāyāna. Diese Selbst-Natur ist in der Sprache der *Prajñāpāramitā* So-Sein *(tathatā)* und Leere *(shūnyatā)*. So-Sein bedeutet das Absolute, etwas, das den Gesetzen der Relativität nicht unterworfen ist und deshalb nicht vermittels der Gestalt begriffen werden kann. So-Sein ist also Gestaltlosigkeit. Im Buddhismus steht Gestalt *(rūpa)* im Gegensatz zu Nicht-Gestalt *(arūpa)*, die das Unbedingte ist. Dieses Unbedingte, Gestaltlose und daher Unerreichbare ist Leere *(shūnyatā)*. Leere ist kein negativer Begriff und bedeutet auch nicht Verneinung; da sie aber nicht dem Bereich der Namen und Gestalten angehört, wird sie Leere oder Nichtsein genannt.

Leere ist also unerreichbar. «Unerreichbar» bedeutet, jenseits der Wahrnehmung, jenseits des Begreifens zu sein, denn Leere ist jenseits von Sein und Nichtsein. Unsere gesamte relative Erkenntnis betrifft Dualismen. Wenn aber Leere für alle menschlichen Versuche, ihrer in irgendeiner Weise habhaft zu werden, absolut unerreichbar ist, hat sie für uns keinen Wert. Sie gehört dem Interessengebiet des Menschen nicht an, sie ist tatsächlich nicht vorhanden, und wir haben nichts mit ihr zu tun. In Wirklichkeit verhält es sich aber anders. Leere ist für uns jederzeit erreichbar; sie ist immer mit und in uns; sie bestimmt alle unsere Erkenntnis, all unser Tun und ist unser Leben selbst. Erst wenn wir sie auflesen und als etwas unseren Augen Sichtbares darbieten wollen, entzieht sie sich uns, spottet aller unserer Bemühungen und schwindet wie Dunst dahin. Wir werden ewig von ihr angelockt, doch sie erweist sich als ein Irrlicht.

Es ist Prajñā, welche die Leere oder das So-Sein oder die Selbst-Natur ergreift. Und dieses Ergreifen ist nicht, was es zu sein scheint. Das ist selbstverständlich nach allem, was schon über Relatives gesagt wurde. Da die Selbst-Natur jenseits von aller Relativität ist, kann ihr Ergriffen-Werden von Prajñā kein Ergreifen im üblichen Sinn bedeuten. Das Ergreifen muß Nicht-Ergreifen sein, eine paradoxe Feststellung, die unvermeidlich ist. Entsprechend der buddhistischen Terminologie vollzieht sich dieses Ergreifen durch Nichtunterscheiden, das heißt, durch nicht-unterscheidende Unterscheidung. Der Vorgang ist plötzlich und zusammenhanglos, ein bewußter Akt; kein unbewußter also, sondern ein Akt, der aus der Selbst-Natur selbst hervorgeht, die das UNBEWUSSTE ist.

Hui-nengs UNBEWUSSTES unterscheidet sich also grundlegend vom Unbewußten des Psychologen. Es hat eine metaphysische Bedeutung. Wenn Hui-neng vom UNBEWUSSTEN im BEWUSSTEN spricht, geht er über die

Psychologie hinaus; er weist auch nicht auf das Unbewusste als Grundlage des Bewußtseins hin, als etwas, das
bis in die tiefsten Schichten reicht, dorthin, wo der Geist
noch unentwickelt ist und sich noch im Zustand bloßer
Potentialität befindet. Ebensowenig ist Hui-nengs Unbe-
wusstsein eine Art Weltgeist, der über dem Chaos
schwebt. Es ist zeitlos und enthält dennoch alle Zeit –
mit ihren kleinsten Abschnitten wie auch mit all ihren
Äonen.

Shen-huis Definition des Unbewußten, die wir in seinen «Worten» (§ 14) finden, wird weiteres Licht auf diesen Gegenstand werfen. Als er andere über die Prajñāpāramitā belehrte, sagte er:

«Haftet nicht an der Gestalt. Nicht-Haften an der Gestalt bedeutet So-Sein. Was wird unter So-Sein verstanden? So-Sein bedeutet das Unbewusste. Was ist
das Unbewusste? Es ist, nicht an Sein oder Nichtsein
zu denken; es ist, nicht an Gut und Böse zu denken; es
ist, nicht daran zu denken, ob man Grenzen hat oder
keine Grenzen hat; es ist, nicht an Maße (oder an
Nicht-Maße) zu denken; es ist, nicht an Erleuchtung
noch an erleuchtet-sein zu denken; es ist, nicht an Nirvāna noch an die Erlangung von Nirvāna zu denken:
dies ist das Unbewusste. Das Unbewusste ist nichts
anderes als Prajñāpāramitā selbst. Prajñāpāramitā ist
nichts anderes als der Samādhi der Einheit.
O Freunde, wenn sich unter euch noch einige um das
Erlernen von Dingen bemühen, sollen sie ihr Verlangen nach Erleuchtung (auf die Quelle des Bewußtseins) richten, sooft Gedanken in ihrem Geiste wach
werden. Wenn der aufgerührte Geist erloschen ist, verschwindet das bewußte Erkennen von selbst – dies ist

das UNBEWUSSTE. Dieses UNBEWUSSTE ist völlig frei von allen Bedingungen, denn wenn irgendwelche Bedingungen vorhanden sind, kann es nicht als das UNBEWUSSTE erfahren werden.

O Freunde, dasjenige, das wahrhaft sieht, lotet die Tiefen der Dharmadhātu aus, und dies ist bekannt als der Samādhi der Einheit. Deshalb heißt es in der *Kleinen Prajñāpāramitā:* ‹O gute Menschen, dies ist Prajñāpāramitā, das heißt, daß man keine (bewußten) Gedanken hinsichtlich der Dinge hegt. Sofern wir in jenem leben, das unbewußt ist, strahlt dieser goldfarbene Körper mit den zweiunddreißig Merkmalen höchster Männlichkeit einen großen Glanz aus, enthält er Prajñā in unausdenkbarem Ausmaß, ist er mit unvergleichlichem Wissen ausgestattet. Die Werte, die aus dem UNBEWUSSTEN erwachsen, können nicht alle von den Buddhas einzeln aufgezählt werden, noch viel weniger von den Shrāvakas und den Pratyeka-Buddhas.› Wer das UNBEWUSSTE schaut, ist nicht von den Sechs Sinnen befleckt; wer das UNBEWUSSTE schaut, wird in den Stand versetzt, sich dem Buddha-Wissen zuzuwenden; wer das UNBEWUSSTE schaut, wird Wirklichkeit genannt; wer das UNBEWUSSTE schaut, wird sofort mit den Vorzügen der Gangā ausgestattet; wer das UNBEWUSSTE schaut, ist imstande, alle Dinge hervorzubringen; wer das UNBEWUSSTE schaut, ist imstande, alle Dinge aufzunehmen.»

Diese Auffassung vom UNBEWUSSTEN wird von Ta-chu Hui-hai, einem Lieblingsschüler von Ma-tsu, in seiner Schrift *Hauptlehre von der Plötzlichen Erweckung* vollauf bestätigt:

«Das Unbewusste bedeutet, in allen Verhältnissen Nicht-Bewußtsein zu haben, das heißt, durch keine Umstände bedingt zu sein und keinerlei Zuneigung oder Verlangen zu empfinden. Allen objektiven Verhältnissen die Stirn zu bieten und doch ewig frei von jeder Art von Erregung zu sein, das ist das Unbewusste.

Auf diese Weise wird erkannt, daß das Unbewusste sich seiner selbst wahrhaft bewußt ist. Sich des Bewußtseins bewußt zu sein, ist aber eine falsche Form des Unbewussten. Weshalb? Das Sūtra erklärt, daß man das falsche Bewußtsein besitzt, wenn man die Menschen veranlaßt, sich der sechs Vijñānas bewußt zu werden. Die sechs Vijñānas zu hegen, sei falsch; ein Mensch, der frei von den sechs Vijñānas sei, habe das richtige Bewußtsein.»

«Das Unbewusste schauen» bedeutet nicht irgendeine Form der Selbsterkenntnis noch besteht es darin, daß man in einen Zustand der Ekstase, Gleichgültigkeit oder Apathie verfällt, in dem keine Spuren des gewöhnlichen Bewußtseins mehr vorhanden sind. «Das Unbewusste schauen» bedeutet, sich der Selbst-Natur bewußt und zugleich unbewußt zu sein. Weil die Selbst-Natur nicht vermittels der logischen Kategorien von Sein und Nichtsein bestimmt werden kann, bringt jede solche Bestimmung die Selbst-Natur in den Bereich empirischer Psychologie, in welcher sie aufhört, das zu sein, was sie an sich ist. Wenn andererseits das Unbewusste den Verlust des Bewußtseins bedeutet, ist es gleichbedeutend mit Tod oder bestenfalls mit einem zeitweiligen Aussetzen des Lebens. Dies aber ist unmöglich, da die Selbst-Natur der Geist selbst ist. Das ist der Sinn der folgenden Stelle, auf die wir überall in der *Prajñāpāramitā* und in anderen Mahāyāna-Sūtras stoßen: «Es ist möglich, in allen Verhältnissen unbewußt zu sein, weil im Letzten die Natur aller Dinge Leere ist und weil es letzten Endes keine Form gibt, von der man sagen könnte, man hätte sie ergriffen. Diese Unerreichbarkeit aller Dinge ist die Realität selbst, welche die (vollkommenste) Form des Tathāgata ist.» Das Unbewusste ist also die letzte Realität, die wahre Form, der vollkommenste Körper der Tathāgataschaft. Gewiß ist es keine verschwommene Abstraktion, kein bloß begriffliches Postulat, sondern eine im tiefsten Sinn lebendige Erfahrung.

Weitere Beschreibungen des Unbewussten gibt Shenhui im folgenden:

«Einsicht in das Unbewusste zu gewinnen bedeutet, die Selbst-Natur zu verstehen; die Selbst-Natur zu verstehen bedeutet, nichts zu ergreifen; nichts zu ergreifen, ist das Dhyāna des Tathāgata ... Die Selbst-Natur ist von Anbeginn vollkommen rein, weil ihr Körper nicht ergriffen werden kann. Sie in dieser Weise zu sehen bedeutet, auf der Höhe des Tathāgata zu stehen, von allen Formen losgelöst zu sein, das sofortige Aufhören alles Unbestimmten der Falschheit zu erleben, sich die Vorzüge absoluter Unbeflecktheit zu eigen zu machen, wahre Befreiung zu erlangen usw.

Die Natur des So-Seins ist unser ursprünglicher Geist, dessen wir uns bewußt sind; und doch gibt es weder denjenigen, der sich eines Dinges bewußt ist, noch dasjenige, dessen er sich bewußt ist ... Für jene, die das Unbewusste sehen, hört die Wirksamkeit des Karma auf, und was hat es dann für einen Zweck, irrige Gedanken zu hegen und zu versuchen, das Karma durch Verworrenheit zu zerstören?

Den Dualismus von Sein und Nichtsein zu überwinden und außerdem den Pfad des Mittleren Weges zu lieben – dies ist das Unbewusste. Das Unbewusste bedeutet, sich nur des absolut Einen bewußt zu sein; sich des absolut Einen bewußt zu sein bedeutet den Besitz aller Erkenntnis, und das ist Prajñā. Prajñā ist das Tathāgata-Dhyāna.»

Hier sind wir wieder bei der Beziehung zwischen Prajñā und Dhyāna angelangt. Sie ist tatsächlich eines der immer wiederkehrenden Themen der buddhistischen Philosophie, und wir können uns ihm, besonders beim Studium des Zen, nicht entziehen. Der Unterschied zwischen Shen-hsius und Hui-nengs Schule besteht im Grunde nur in ihrer unterschiedlichen Auffassung dieser Beziehung. Shen-hsiu befaßt sich mit dem Problem vom Standpunkt des Dhyāna aus, während Hui-neng auf der Prajñā als der wichtigsten Voraussetzung für das Begreifen des Zen beharrt. Der letztere gibt uns die Anweisung, zuerst die Selbst-Natur «zu sehen», und das bedeutet, zum Unbewussten zu erwachen; Shen-hsiu dagegen rät uns, «in Meditation zu sitzen», damit alle unsere Leidenschaften und störenden Gedanken sich beruhigen können und die ursprüngliche Reinheit der Selbst-Natur von selbst hervorleuchten kann. Diese zwei Richtungen haben in der Geschichte des Zen stets nebeneinander bestanden, was wahrscheinlich durch die beiden bei uns vorkommenden psychologischen Typen, den intuitiven und den moralischen, den intellektuellen und den praktischen Typus, zu erklären ist.

Jene, die wie Hui-neng und seine Schule den Nachdruck auf Prajñā legen, neigen dazu, Dhyāna der Prajñā gleichzusetzen und auf einem plötzlichen, in einem Nu erfolgenden Erwachen zum UNBEWUSSTEN zu bestehen. Dieses Erwachen zum UNBEWUSSTEN mag vom logischen Standpunkt aus ein Widerspruch sein; da aber das Zen sein Eigenleben in einer anderen Welt führt, hat es nichts gegen sich widersprechende Ausdrücke einzuwenden und gebraucht weiterhin die ihm eigentümliche Ausdrucksweise.

Hui-nengs Schule erhebt also gegen diejenige Shenhsius den Einwand, jene, die ihre Zeit darauf verwenden, mit verschränkten Beinen in Meditation zu sitzen, und versuchen, den Zustand der Ruhe zu verwirklichen, strebten nach einem greifbaren Ergebnis. Sie würden die Lehre von der ursprünglichen Reinheit vertreten und sie als etwas intellektuell Beweisbares betrachten; sie starrten auf einen besonderen Gegenstand, der unter anderen relativen Gegenständen ausgewählt und anderen gezeigt werden könne, so wie man auf den Mond zeigt; sie hingen an diesem besonderen Gegenstand als an etwas überaus Kostbarem und vergäßen, daß diese Anhänglichkeit ihren geliebten Gegenstand entwerte, weil er dadurch auf ihre eigene Seinsstufe herabgezogen werde. Wegen dieser Anhänglichkeit an ihn sowie ihr Verweilen dabei, schätzten sie ganz besonders einen bestimmten endgültigen Bewußtseinszustand, den sie als das endgültige Ziel betrachteten. Deshalb seien sie nie wirklich frei, da sie nicht das letzte Band zerschnitten hätten, das sie noch auf dieser Seite des Daseins festhalte.

Nach Hui-nengs Prajñā-Schule werden Prajñā und Dhyāna im UNBEWUSSTEN identisch, denn wenn ein Erwachen zum UNBEWUSSTEN stattfindet, ist dies kein Vorgang, und das UNBEWUSSTE bleibt die ganze Zeit rein und unbewegt im Dhyāna. Das Erwachen darf nie als ein Erreichen oder Vollenden infolge solcher Bemühungen betrachtet werden. Da es kein Erreichen in diesem Erwachen gibt, kann es auch kein Bleiben darin geben. Dieser Punkt wird in allen Prajñāpāramitā-Sūtras ausdrücklich betont. Kein Erreichen und daher auch kein Festhalten, kein Bleiben, was soviel wie Bleiben im Unbewussten oder Bleiben im Nicht-Bleiben bedeutet.

Bei Ta-chu finden wir folgenden Dialog:

Frage: «Was ist mit der gleichzeitigen Wirksamkeit der Dreifachen Übung gemeint?»

Antwort: «Rein und unbefleckt sein ist Shīla (Vorschrift). Wenn der unbewegte Geist unter allen Umständen stets klar bleibt, ist das Dhyāna (Meditation). Den unbewegten Geist wahrzunehmen und doch keine Gedanken hinsichtlich seiner Unbewegtheit aufkommen zu lassen, den Geist als rein und unbefleckt wahrzunehmen und doch keine Gedanken an seine Reinheit aufkommen zu lassen, das Böse vom Guten zu unterscheiden und sich doch nicht durch sie beschmutzt zu fühlen und sich völlig in der Gewalt zu haben: das ist Prajñā. Wenn man daher wahrnimmt, daß Shīla, Dhyāna und Prajñā unerreichbar sind, erkennt man sofort, daß sie dem gleichen Körper angehören. Dies ist die gleichzeitige Wirksamkeit der Dreifachen Übung.»

Frage: «Wenn der Geist in der Reinheit verweilt, ist das kein Festhalten an ihr?»

Antwort: «Wenn man in der Reinheit verweilt, wird man nicht daran denken, daß man in ihr verweilt, und es heißt dann, man halte nicht an ihr fest.»

Frage: «Wenn der Geist in der Leere verweilt, ist das kein Festhalten an ihr?»

Antwort: «Wenn man an ein solches Verweilen denkt, hält man an etwas fest.»

Frage: «Wenn der Geist im Nicht-Verweilen verweilt, ist das nicht Festhalten am Nicht-Verweilen?»

Antwort: «Wenn man keine Gedanken in bezug auf die Leere hegt, gibt es kein Festhalten. Wenn Ihr verstehen wollt, wann der Geist den Augenblick des Nicht-Verweilens erkennt, müßt Ihr Euch in der richtigen Meditationshaltung hinsetzen und Euren Geist gründlich von Gedanken reinigen – Gedanken über alle Dinge, Gedanken über Güte und Schlechtigkeit von Dingen. Vergangene Ereignisse sind schon vergangen, deshalb denkt nicht an sie; Euer Geist wird dann in keiner Verbindung mehr mit der Vergangenheit stehen. Dadurch sind vergangene Ereignisse abgetan. Künftige Ereignisse sind noch nicht eingetreten, und Ihr braucht Euch ihretwegen keine Sorgen zu machen; sucht nicht, sie zu erfahren. Auf diese Weise steht Euer Geist in keiner Verbindung mit der Zukunft. Gegenwärtige Ereignisse habt Ihr jetzt vor Augen; haftet also nicht an ihnen. An nichts zu haften bedeutet, kein irgendwie geartetes Gefühl des Hasses oder der Liebe zu erregen. Euer Geist steht dann in keiner Verbindung mehr mit der Gegenwart, und die Ereignisse, die Ihr vor Augen habt, sind abgetan. Wenn so Vergangenheit, Gegenwart und Zukunft in keiner Weise mehr einbezogen werden, sind sie völlig abgetan. Wenn Gedanken kommen und gehen, verfolgt sie nicht weiter; dann wird Euer verfolgender Geist von ihnen abgeschnitten sein. Wenn Ihr (bei Gedanken) verweilt, haltet Euch nicht bei Ihnen auf; dann wird Euer verweilender Geist nicht länger mit ihnen in Verbindung stehen. Wenn Ihr so vom Verweilen (bei Gedanken) befreit seid, wird es von Euch heißen, daß Ihr im Nicht-Verweilen verweilt. Wenn Ihr eine vollkommen klare Erfahrung von

Euch selbst habt, könnt Ihr weiterhin bei Gedanken verweilen, und doch hat das, was weiterhin bei Gedanken verweilt, weder einen Ort des Verweilens noch einen Ort des Nicht-Verweilens. Wenn Ihr eine vollkommen klare Erfahrung davon habt, daß der Geist nirgendwo einen Ort des Verweilens besitzt, bedeutet dies, daß man eine vollkommen klare Erfahrung vom eigenen Wesen hat. Gerade dieser GEIST, der nirgendwo einen Ort des Verweilens hat, ist der Buddha-GEIST selbst. Er wird auch Befreiungs-GEIST, Erleuchtungs-GEIST, der Ungeborene GEIST sowie Leerheit von Materiellem und Ideellem genannt. Es ist das, was in den Sūtras als Erkennen des Ungeborenen bezeichnet wird... Das alles unter der Voraussetzung, daß einem das UNBEWUSSTE überall evident ist.»

Die Lehre vom UNBEWUSSTEN, wie sie hier erklärt wird, ist in psychologischer Auslegung diejenige von der absoluten Passivität oder vom absoluten Gehorsam. Man könnte sie auch als Lehre von der Demut bezeichnen. Unser individuelles Bewußtsein, das im UNBEWUSSTEN aufging, muß einem Leichnam gleichen, wie der heilige Franziskus von Assisi es ausdrückte, um seine Idee des vollkommenen und höchsten Gehorsams zu erläutern.

Gleich einem Leichnam, einem Stück Holz oder Fels zu werden, scheint auch bei den Zen-Buddhisten, wenn auch von einem ganz anderen Gesichtspunkt aus, ein beliebtes Gleichnis gewesen zu sein.

Bei Huang-po Hsi-yün finden wir folgendes:

Frage: «Was ist unter weltlichem Wissen zu verstehen?»
Antwort: «Was hat es für einen Zweck, sich auf solche

schwierigen Dinge einzulassen? [Der GEIST ist von Anbeginn vollkommen rein, und darüber braucht man nicht mit Worten zu streiten.] Habt nur keine Vorstellungen irgendwelcher Art; dies ist als unbeflecktes Wissen bekannt. In Eurem täglichen Leben befasse sich Eure Rede, ob Ihr nun geht oder steht, sitzt oder liegt, und welcher Art sie auch immer sei, nicht mit weltlichen Dingen, denn welche Worte Ihr auch verwendet und in welche Richtung Eure Augen auch blinzeln, sie alle sind solche des unbefleckten Wissens. Die Welt ist gegenwärtig im Niedergang begriffen, und die meisten Zen-Übenden hängen an materiellen und weltlichen Dingen. Was haben sie letzten Endes mit dem GEIST zu tun? Laßt Euren Geist wie leerer Raum, wie ein Stück dürres Holz und ein Steinbrocken, wie kalte Asche und Schlacke sein. Gelang Euch dies, mögt Ihr Euch in gewisser Übereinstimmung [mit dem wahren GEIST] fühlen. Sonst werdet Ihr bestimmt eines Tages vom alten Mann aus der anderen Welt zur Rede gestellt werden...»

Ignatius von Loyolas Empfehlung des Gehorsams als Grundlage seines Ordens unterscheidet sich natürlich dem Geiste nach von der Idee dessen, was die Zen-Meister empfahlen und das man absolute Indifferenz nennen könnte. Sie sind gleichgültig dem gegenüber, was ihnen zustößt, weil sie der Ansicht sind, daß das UNBEWUSSTE hinter ihrem Oberflächenbewußtsein davon nicht berührt wird. Da sie in enger Verbindung mit dem UNBEWUSSTEN stehen, sind alle äußeren Geschehnisse wie Schatten, einschließlich dessen, was gewöhnlich unter Inhalten des eigenen Bewußtseins verstanden wird. Da es sich so verhält, duldet der Zen-Meister es, daß sie ihn überfallen, während sein UNBEWUSSTES davon unberührt bleibt. Dieses Dulden ist, um christliche Terminologie zu gebrauchen, ein Opfer, ein Brandopfer, zur Ehre Gottes dargebracht.

William James bringt ein Zitat aus Lejeunes *Einführung in das mystische Leben* in *Die Vielfalt religiöser Erfahrung*: «Durch Armut opfert er seinen äußeren Besitz; durch Keuschheit opfert er seinen Leib; durch Gehorsam vervollständigt er das Opfer und bringt Gott alles dar, was er noch an Eigenem besitzt, seine zwei kostbarsten Güter, seinen Intellekt und seinen Willen.» Durch dieses Opfer des Intellektes und des Willens erreicht die katholische Übung ihre Vollendung, das heißt, der Gläubige wird zu einem Holzklotz, einem bloßen Haufen Schlacke und kalter Asche, und ist mit dem UNBEWUSSTEN identisch. Und von dieser Erfahrung berichten katholische Schriftsteller, als handle es sich um ein Gott gebrachtes Opfer, während Zen-Meister sich einer intellektuelleren und psychologischeren Ausdrucksweise bedienen.

Um weiter aus Ignatius' *Aussprüchen* zu zitieren: «Ich muß mich als einen Leichnam betrachten, der weder Intelligenz noch Willen besitzt: Seid wie ein Klumpen Materie, der sich widerstandslos legen läßt, wohin auch immer es irgend jemandem beliebt; seid wie ein Stock in der Hand eines alten Mannes, der ihn nach Bedarf benutzt und ihn hinstellt, wo es ihm paßt.» Seinen Nachfolgern rät er, sich so dem Orden gegenüber zu verhalten. Die Absicht der katholischen Übung ist eine völlig andere als diejenige des Zen, und deshalb nimmt die Ermahnung von Ignatius an der Oberfläche eine ganz andere Färbung an. Soweit es aber ihre psychische Erfahrung betrifft, sind die Zen-Meister wie auch die katholischen Führer bestrebt, den gleichen Geisteszustand hervorzurufen, der nichts anderes ist als das Erkennen des UNBEWUSSTEN in unserem individuellen Bewußtsein.

Der Jesuit Rodriguez gibt eine sehr konkrete Erklärung[14] für die Tugend des Gehorsams: «Ein religiöser Mensch sollte sich allen Dingen gegenüber, die er benutzt, wie eine Statue verhalten, die man mit Kleidern behängen kann, die aber keinen Kummer darüber empfindet und keinen Widerstand leistet, wenn man sie wieder entkleidet. Dieselbe Empfindung solltet ihr mit Rücksicht auf eure Kleider, eure Bücher, eure Zelle und sonst alles haben, was ihr benutzt...» Denn eure Kleider, eure Bücher und so weiter treten an die Stelle eurer Kümmernisse, Sorgen, Freuden, Bestrebungen, die im Seelischen ebenso euer Besitz sind wie eure irdischen Güter. Wenn ihr vermeidet, diese seelischen Besitztümer so zu benutzen, als seien sie euer privates Eigentum, seid ihr Buddhisten, die im UNBEWUSSTEN oder mit ihm leben.

Einige könnten einwenden, die irdischen Güter seien nicht dasselbe wie psychische Funktionen, es gäbe ohne letztere keinen Geist und ohne diesen kein empfindendes Wesen. Ich aber frage euch, was wird aus eurem Körper ohne diesen irdischen Reiz, den ihr angeblich braucht? Was wird ohne den Körper aus eurem Geist? Schließlich gehören euch diese psychischen Funktionen nicht in gleichem Maße wie eure Kleider, euer Tisch, eure Familie, euer Körper und so weiter, denn ihr werdet stets von ihnen beherrscht, statt daß ihr sie beherrscht. Ihr seid nicht einmal Herr des eigenen Körpers, der euch so überaus vertraut zu sein scheint. Ihr seid Geburt und Tod unterworfen. Mit dem Körper ist euer Geist auf das engste verbunden, und ihn scheint ihr noch weniger beherrschen zu können. Seid ihr nicht euer Leben lang ein bloßer Spielball aller eurer Empfindungen, erregten Gefühle und Einbildungen, eures Ehrgeizes und eurer Leidenschaften und so weiter?

Wenn Hui-neng und andere Zen-Meister vom UNBEWUSSTEN sprechen, könnte man meinen, sie rieten uns, zu kalter, erloschener Asche zu werden, bar jeder Geisteskraft und aller Gefühle, mit nichts in uns, das gewöhnlich als der menschlichen Natur zugehörig betrachtet wird, zu einem Nichts, zur absoluten Leerheit zu werden. In Wirklichkeit ist dies aber ein Rat, der von allen religiösen Menschen erteilt wird und das Endziel jeder religiösen Übung bildet. Abgesehen von den jeweiligen theologischen oder philosophischen Interpretationen, beziehen sich meiner Ansicht nach Christen und Buddhisten auf die gleiche Erfahrungstatsache, wenn sie von Opfer und Gehorsam sprechen. Ein Zustand völliger Passivität, dynamisch interpretiert, falls dies möglich ist, bildet die Grundlage der Zen-Erfahrung.

Das UNBEWUSSTE zu leben bedeutet, zuzulassen, daß «Dein Wille geschehe», und nicht auf dem eigenen zu bestehen. Alle Dinge und Ereignisse, einschließlich der Gedanken und Gefühle, die ich hege oder die mich betreffen, sind der göttliche Wille, solange von meiner Seite aus kein Festhalten oder Verlangen besteht und «mein Geist in keinerlei Verbindung mehr mit Dingen der Vergangenheit, Gegenwart und Zukunft steht», wie oben beschrieben wurde. Das ist ebenfalls der Geist Christi, wenn er sagt: «Darum sorget nicht für den anderen Morgen; denn der morgende Tag wird für das Seine sorgen. Es ist genug, daß jeder Tag seine eigene Plage habe.» Ersetzt «den andern Morgen» durch «die Zukunft» und «jeder Tag» durch «die Gegenwart», und das, was Christus sagt, ist genau dasselbe, was ein Zen-Meister, wenn auch auf philosophischere Art, sagen würde. Der «Tag» wäre für den Zen-Meister nicht ein Zeitraum von vierundzwanzig Stunden, wofür er gewöhnlich gehalten wird, sondern ein Augenblick oder ein Gedanke, der schon vorüber ist, bevor das Wort ausgesprochen wurde. Das Unbewusste widerspiegelt auf seiner Oberfläche alle solche Gedanken-Augenblicke, die in äußerster Schnelligkeit vorüberziehen, während es selbst rein und unbefleckt bleibt. Diese vorüberziehenden Gedanken konstituieren mein Bewußtsein, und sofern letzteres als mir zugehörend betrachtet wird, steht es in keiner Verbindung mit dem Unbewussten, was Stimmungen, Sehnsucht, Quälereien, Enttäuschungen und alle möglichen «eigenen Plagen» zur Folge hat. Sind sie jedoch mit dem Unbewussten verbunden, so entschwinden sie meinem Bewußtsein; sie hören auf, etwas Böses zu sein, und ich habe teil an der Klarheit des Unbewussten. Dies ist, so möchte ich sagen, eine Phase völliger Passivität.

DIE LEHRE
VOM NICHT-BEWUSSTSEIN

Der Begriff des UNBEWUSSTEN gibt Anlaß zu vielen falschen Interpretationen, wenn man glaubt, er weise auf
das Vorhandensein einer Wesenheit hin, die als «das
UNBEWUSSTE» zu bezeichnen wäre. Zen-Meister glauben an keine solche Wesenheit hinter unserem empirischen Bewußtsein. In der Tat sind sie stets gegen solche Annahmen und suchen, sie mit allen Mitteln zu
zerstören. Das chinesische *wu-hsin*, «ohne Bewußtsein»,
und *wu-nien*, «ohne Gedanke», oder «Nicht-Gedanke»,
bedeuten beide das UNBEWUSSTE und unbewußt sein.
Deshalb bin ich oft in Verlegenheit, wie ich den genauen Sinn der chinesischen Schriften wiedergeben soll,
die in diesem Essay zitiert werden. Die chinesischen
Sätze sind sehr lose zusammengefügt, und die chinesischen Schriftzeichen erlauben keinerlei Beugung. Solange man sie im Original liest, scheint der Sinn ziemlich klar zu sein, doch wenn er in der Übersetzung her-
ausgestellt werden soll, bedarf es einer größeren Ge-
nauigkeit, um eine Anpassung an die Konstruktion der
Fremdsprache zu erzielen. Zu dem Zweck muß dem
Geist der chinesischen Sprache viel Gewalt angetan
werden, und statt einer Übersetzung ist eine Auslegung, Interpretation oder Umschreibung notwendig.
Dadurch wird der fortlaufende Faden der Gedanken

zerrissen, der um die ursprünglichen chinesischen Schriftzeichen mit allen ihren grammatikalischen und strukturellen Besonderheiten gewoben ist. Was wir die künstlerische Wirkung des Originals nennen könnten, geht dadurch unweigerlich verloren.

Im folgenden Dialog, der Hui-nengs Reden[15] entnommen ist, werden Diskussionen geführt über die Begriffe *wu-hsin* («Nicht-Bewußtsein» = unbewußt), *yu-hsin* («ein Bewußtsein haben» = sich bewußt sein), *wu* (als unabhängige verneinende Partikel «nicht», als Vorsilbe «ab-», «un-» und so weiter, als Hauptwort «Nichts» oder «Nicht-heit» oder «Nicht-Wesenheit»), und *ch'eng-fo* («Buddhaschaft erlangen», «ein Buddha werden»). Hui-chung war einer der Schüler von Hui-neng und natürlich darauf bedacht, die Lehre vom *wu-hsin* zu verbreiten. Der Dialog beginnt mit einer Frage von Ling-chiao, einem seiner neuen Anhänger:

Frage: «Ich habe mein Heim verlassen, um Mönch zu werden, und mein Streben geht dahin, Buddhaschaft zu erlangen. Welchen Gebrauch soll ich von meinem Geiste machen?»
Antwort: «Buddhaschaft wird erlangt, wenn kein Geist vorhanden ist, der für diese Aufgabe verwendet werden könnte.»
Frage: «Wenn kein Geist vorhanden ist, der für diese Aufgabe verwendet wird, wer kann da jemals Buddhaschaft erlangen?»
Antwort: «Durch Nicht-Bewußtsein wird die Aufgabe von selbst erfüllt. Auch der Buddha hat kein Bewußtsein.»
Frage: «Der Buddha verfügt über wunderbare Mittel und weiß, wie er alle Wesen befreien kann. Wenn er

kein Bewußtsein besäße, wer würde dann jemals alle Wesen erlösen?»

Antwort: «Kein Bewußtsein zu haben, bedeutet die Erlösung aller Wesen. Wenn er irgendein Wesen bemerkt, das befreit werden soll, hat er ein Bewußtsein und ist bestimmt Geburt und Tod unterworfen.»

Frage: «Nicht-Bewußtsein *(wu-hsin)* gibt es also schon hier. Wieso kam dann Shākyamuni in die Welt und hinterließ eine so große Anzahl Reden? Ist das eine Erfindung?»

Antwort: «Mit allen von ihm hinterlassenen Lehren ist der Buddha *wu-hsin* (Nicht-Bewußtsein, unbewußt).»

Frage: «Wenn alle von ihm hinterlassenen Lehren auf seine Nicht-Bewußtheit zurückzuführen sind, müssen sie also Nicht-Lehren sein?»

Antwort: «Zu predigen bedeutet, nicht (zu predigen), und nicht (zu predigen) bedeutet, zu predigen. [Alles Wirken des Buddha entstammt der Nicht-heit, d. h. der Shūnyatā, der Leerheit.]»

Frage: «Wenn seine Lehren auf seine Nicht-Bewußtheit zurückzuführen sind, kommt dann mein Bewirken von Karma daher, daß ich die Vorstellung von einem Bewußtsein *(yu-hsin)* hege?»

Antwort: «In der Nicht-Bewußtheit gibt es kein Karma. Doch (solange du dich auf das Bewirken deines Karma beziehst) gibt es hier schon Karma, und dein Geist ist Geburt und Tod unterworfen. Wie kann da Nicht-Bewußtsein (in dir sein)?»

Frage: «Wenn Nicht-Bewußtsein Buddhaschaft bedeutet, hat Euer Ehrwürden dann schon Buddhaschaft erlangt, oder nicht?»

Antwort: «Wenn Bewußtsein nicht ist *(wu)*, wer spricht dann von Erlangung der Buddhaschaft? Zu denken, es gebe etwas, das Buddhaschaft genannt wird und das zu erlangen wäre, bedeutet, die Vorstellung von einem Bewußtsein *(yu-hsin)* zu hegen; die Vorstellung von einem Bewußtsein zu hegen ist ein Versuch, etwas zu vollenden, das ausfließt *(yu-lou = asvara* im Sanskrit); da es sich so verhält, gibt es hier keine Nicht-Bewußtheit.»

Frage: «Wenn keine Buddhaschaft zu erlangen ist, besitzt Euer Ehrwürden dann das Buddha-Wirken?»

Antwort: «Wo es den Geist selbst nicht gibt, woher soll dann sein Wirken kommen?»

Frage: «Man ist dann in äußerster Nicht-heit *(wu)* verloren. Kann das nicht eine völlig nihilistische Auffassung sein?»

Antwort: «Von Anbeginn gibt es (keinen Sehenden und) kein Sehen. Weshalb sollte das nihilistisch sein?»

Frage: «Wenn es heißt, von Anbeginn existiere nichts, bedeutet das nicht ein Fallen in die Leere?»

Antwort: «Selbst Leere ist nicht. Wo wäre da das Fallen?»

Frage: «Subjekt und Objekt werden gleicherweise verneint *(wu)*. Nehmen wir an, ein Mann erschiene hier plötzlich und enthauptete Euch mit einem Schwert. Wäre das als wirklich *(yu)*, oder als unwirklich *(wu)* zu bezeichnen?»

Antwort: «Das wäre unwirklich.»

Frage: «Bedeutete es Schmerz, oder keinen Schmerz?»

Antwort: «Auch Schmerz ist nicht wirklich.»

Frage: «Da Schmerz nicht wirklich ist, für welchen Lebenspfad würdet Ihr nach dem Tode wiedergeboren werden?»

Antwort: «Kein Tod, keine Geburt und kein Pfad.»

Frage: «Wenn man schon den Zustand absoluter

Nicht-heit erreicht hat, ist man völliger Herr seiner selbst. Wie würdet Ihr Euch aber des Geistes bedienen *(yung-hsin)*, wenn Ihr unter Hunger und Kälte leidet?»

Antwort: «Wenn ich hungrig bin, esse ich, und wenn mich friert, ziehe ich mehr Kleider an.»

Frage: «Wenn Ihr Hunger und Kälte spürt, habt Ihr ein Bewußtsein *(yu-hsin)*.»

Antwort: «Ich will dich etwas fragen: Hat dieser Geist, von dem du als von einem Geiste sprichst, eine Gestalt?»

Frage: «Der Geist ist gestaltlos.»

Antwort: «Wenn du bereits wußtest, daß der Geist gestaltlos ist, bedeutet dies, daß es den Geist von Anbeginn nicht gibt. Wie konntest du da sagen, du hättest ein Bewußtsein?»

Frage: «Wenn Ihr zufällig in den Bergen einem Tiger oder Wolf begegnet, wie könntet Ihr Euch dann Eures Geistes *(yung-hsin)* bedienen?»

Antwort: «Wenn er gesehen wird, ist es, als würde er nicht gesehen; wenn er sich nähert, ist es, als habe er sich nie genähert; und das Tier (widerspiegelt) Nicht-Bewußtheit. Sogar ein wildes Tier wird dir kein Leid antun.»

Frage: «Zu sein, als geschähe nichts, völlig unabhängig von allen Dingen in Nicht-Bewußtheit zu verharren, wie wird ein solches Wesen genannt?»

Antwort: «Sein Name ist Vajra-Mahāsattva.»

Frage: «Welche Gestalt hat es?»

Antwort: «Von Anbeginn ist es gestaltlos.»

Frage: «Da es gestaltlos ist, was ist dann jenes, das den Namen Vajra-Mahāsattva führt?»

Antwort: «Es wird Vajra, das Große Gestaltlose genannt.»

Frage: «Welche Vorzüge besitzt es?»

Antwort: «Wenn auch nur einer deiner Gedanken in Übereinstimmung mit dem Vajra ist, bist du imstande, die schweren Vergehen zu tilgen, die du im Verlauf der Zyklen von Geburt und Tod, welche zahlreich sind wie der Sand der Gangā, über die Kalpas hinweg begangen hast. Die Vorzüge dieses Großen Vajra sind unermeßlich; kein gesprochenes Wort kann ihre Zahl bestimmen, kein Verstand vermag sie zu beschreiben. Selbst wenn man soviele Jahrhunderte lebte, wie die Gangā Sandkörner hat, und davon redete, könnte man zu keinem Ende kommen.»

Frage: «Was ist damit gemeint, ‹in nur einem Gedanken mit ihm in Übereinstimmung sein›?»

Antwort: «Wenn man sowohl das Gedächtnis als auch den Verstand vergißt, ist man in Übereinstimmung mit ihm.»

Frage: «Wenn sowohl Gedächtnis als auch Verstand vergessen werden, wer befragt dann die Buddhas?»

Antwort: «Vergessen bedeutet Nicht-heit *(wang chi wu)*, Nicht-heit bedeutet Buddhaschaft *(wu chi fo).*»

Frage: «Nicht-heit als Nicht-heit zu bezeichnen ist schön und gut. Weshalb sollte man sie aber den Buddha nennen?»

Antwort: «Nicht-heit ist Leere, und auch der Buddha ist Leere. Deshalb heißt es, Nicht-heit bedeute Buddhaschaft und Buddhaschaft Nicht-heit.»

Frage: «Wenn es kein einziges Ding gibt, wie ist es dann zu benennen?»

Antwort: «Es gibt keinerlei Namen dafür.»

Frage: «Gleicht ihm irgend etwas?»

Antwort: «Nichts gleicht ihm; die Welt kennt nicht seinesgleichen.»

Dieser Dialog zwischen Hui-chung und seinem Schüler Lin-chiao, den wir ausführlich zitiert haben, kann uns einen schwachen Begriff davon geben, was solche Ausdrücke wie *wu-hsin, wu-nien, wu, kung* und *wang* bedeuten, denen wir häufig in der Zen-Literatur begegnen und die zu den wichtigsten Begriffen der Zen-Philosophie gehören. «Nicht-Bewußtheit», «Nicht-Denken» (oder «Gedanken-losigkeit»), «Nicht-heit», «Leere» und «vergessen», von den chinesischen Zen-Meistern verwendet, sind in einer anderen Denkweise seltsame Ausdrücke. Sie klingen fremd und sind in vieler Hinsicht völlig unverständlich, und das waren sie in der Tat für den chinesischen Schüler Hui-chungs, dem es außerordentlich schwer fiel, die Absichten seines Meisters zu verstehen. Man muß wirklich Zen-Erfahrung besitzen, um in den Geist des Meisters einzudringen, und dann wird das Verständnis ganz von selbst kommen. Um was es sich auch handeln mag, alle diese negativen Ausdrücke weisen auf den Begriff des Unbewussten hin, allerdings nicht im psychologischen Sinn. Obgleich es bloße Negationen sind, haben sie doch eine positive Bedeutung, und deshalb werden sie der Buddhaschaft, Buddha-Natur, Selbst-Natur, dem Selbst-Sein, So-Sein, der Realität gleichgesetzt.

Solange man im Unbewussten bleibt, gibt es keine Erweckung der Prajñā. Der Körper ist da, aber kein Wirken; ohne Wirken gibt es keine «Einsicht in die Selbst-Natur», und wir kehren buchstäblich zur statischen Ruhe der anorganischen Materie zurück. Hui-neng war sehr gegen diese Vorstellung vom Dhyāna; das erklärt seine Philosophie der Prajñā und das Motto des Zen-Buddhismus: «Durch Einsicht in die Selbst-Natur wird man zum Buddha.»

Der größte Beitrag von Hui-neng zur Entwicklung des Zen war seine Betonung der Einsicht in die eigene Selbst-Natur. Vor seiner Zeit glaubte man, es müßten Betrachtungen über die Klarheit und Reinheit angestellt werden, was zu Quietismus und bloßer Beruhigung führte. Dies wurde schon früher erwähnt, und ich will jetzt eine weitere Stelle anführen, die sich auf dieses Thema bezieht, und hoffe, damit den Sinn von Hui-nengs Vorstellung von der Einsicht in das Selbst-Sein noch klarer hervortreten zu lassen.

Ein Mönch fragte Chih von Yun-chu im 8. Jahrhundert: «Was ist damit gemeint, Einsicht in die eigene Selbst-Natur zu gewinnen und ein Buddha zu werden?»
Chih: «Diese Natur ist von Anbeginn rein und unbefleckt, klar und ungetrübt. Sie gehört keinen Kategorien des Dualismus an, wie Sein und Nichtsein, rein und beschmutzt, lang und kurz, an sich nehmen und loslassen; der Körper verbleibt in seinem So-Sein. Dies klar zu erkennen, bedeutet Einsicht in die eigene Selbst-Natur. Deshalb bedeutet Einsicht in die eigene Selbst-Natur, daß man zum Buddha wird.»
Mönch: «Wenn die Selbst-Natur rein ist und keinen Kategorien des Dualismus, wie Sein oder Nichtsein und so weiter angehört, wo findet dann dieses Sehen statt?»
Chih: «Es gibt ein Sehen, aber nichts, das gesehen wird.»
Mönch: «Wenn nichts gesehen wird, wie können wir dann sagen, daß es ein Sehen gibt?»
Chih: «Tatsächlich ist keine Spur eines Sehens vorhanden.»

Mönch: «Wessen Sehen ist es dann bei einem solchen Sehen?»

Chih: «Es gibt auch keinen Sehenden.»

Mönch: «Wohin führt uns das letzten Endes?»

Chih: «Weißt du, daß man infolge falscher Unterscheidung die Vorstellung von einem Wesen und daher von einer Trennung in Subjekt und Objekt gewinnt? Das ist eine verworrene Ansicht, die zur Folge hat, daß man in Verwicklungen gerät und unversehens den Pfad von Geburt und Tod beschreitet. Doch bei jenen, die eine klarere Einsicht besitzen, verhält es sich anders. Sie mögen den ganzen Tag lang sehen, und doch ist es, als sähen sie nichts. Du kannst nach Spuren des Sehens bei ihnen suchen und doch nichts, weder vom Körper noch von seinem Wirken entdecken. Der Dualismus von Subjekt und Objekt ist verschwunden – und das wird Einsicht in die Selbst-Natur genannt.»

Es ist klar, daß diese Einsicht in die Selbst-Natur kein gewöhnliches Sehen ist mit seinem Dualismus von jemandem, der sieht, und von etwas, das gesehen wird. Es ist auch nicht ein besonderer Akt des Sehens, der nach gewöhnlicher Auffassung in einem bestimmten Augenblick und an einem bestimmten Ort erfolgt. Dennoch kann die Tatsache des Sehens nicht geleugnet werden. Wie kann in dieser Welt der Dualismen ein solches Sehen vor sich gehen? Solange wir, um einen buddhistischen Ausdruck zu gebrauchen, an dieser Denkweise festhalten, werden wir nie diese Zen-Erfahrung der Einsicht in die Selbst-Natur verstehen. Um sie zu begreifen, bedarf es der eigenen Erfahrung und zugleich einer besonderen Art der Logik oder Dialektik – wie man sie auch benennen möge –, um die Erfahrung rational, oder irrational, zu interpretieren. Erst kommt die Tatsache, und ihr folgt die verstandesmäßige Erklärung. Chih von Yun-chu hat in dem obigen Zitat sein möglichstes getan, um seiner Erfahrung des Sehens entsprechend der damals vorherrschenden Denkart Ausdruck zu verleihen. Dieser kann vielleicht unseren heutigen logischen Anforderungen nicht ganz entsprechen, was aber an der Tatsache selbst nichts ändert.

Nach Hui-neng wird Prajñā plötzlich *(tun)* in der Selbst-Natur erweckt, und dieser Ausdruck *tun* bedeutet nicht nur «sofort», «unvermutet» oder «plötzlich», sondern ihm liegt auch die Vorstellung zugrunde, daß der Akt der Erweckung, welcher das Sehen ist, keine bewußte Handlung seitens der Selbst-Natur darstellt. Mit anderen Worten, Prajñā bricht plötzlich aus dem UNBEWUSSTEN hervor und verläßt es doch nie; es bleibt sich dessen unbewußt. Das ist gemeint, wenn gesagt wird: «Sehen ist Nicht-Sehen und Nicht-Sehen ist Sehen», und daß das UNBEWUSSTE oder die Selbst-Natur sich seiner mittels Prajñā bewußt werde und es doch in diesem Bewußtsein keine Trennung von Subjekt und Objekt gebe. Deshalb sagt Hui-neng: «Wer diese Wahrheit versteht, ist *wu-nien* (ohne Gedanke), *wu-i* (ohne Gedächtnis) und *wu-chao* (ohne Haften).» Wir dürfen aber nicht vergessen, daß Hui-neng nie die Lehre vom reinen Nichts oder reinen Nichttun verteidigte und auch keine unbekannte Größe als Erklärung des Lebens annahm.

Diese letzte Art des Mißverständnisses scheint kurz nach dem Tode von Hui-neng, oder sogar noch zu seinen Lebzeiten, weit verbreitet gewesen zu sein. In gewisser Hinsicht übt es auf alle jene eine Wirkung aus, die nicht das richtige Verständnis für den Sinn der transzendenten Natur des Selbst-Seins besitzen. In der Tat ist es die volkstümliche Auffassung von der Seele. Nach Hui-chung, dessen langer Dialog mit einem seiner Schüler oben zitiert wurde, scheinen die Anhänger Hui-nengs im Volke so weit gegangen zu sein, daß sie den Inhalt des *T'an-ching* revidierten, um es ihrer Auslegung des Meisters anzupassen.

Auf die Frage Hui-chungs nach dem Zen-Buddhismus im Süden hatte sein Besucher folgendes zu berichten: «Es gibt im Augenblick viele Zen-Meister im Süden, und ihrer Meinung nach ist jeder von uns im Besitz der Buddha-Natur und es ist diese Natur, die in ihm alles Sehen, Hören und Denken bewirkt. Wenn er seine Beine oder Hände bewegt, ist sie es, die es in ihm tut, und sie ist sich dieser Erfahrung bewußt. Der Körper ist Geburt und Tod unterworfen, doch die Natur entrinnt dem, so wie die Schlange aus ihrer Haut schlüpft oder ein Mensch seine alte Behausung verläßt.» Diesem Bericht des Besuchers aus dem Süden fügt Hui-chung hinzu: «Auch ich kenne diese Art buddhistischer Lehrer und bin vielen von ihnen zur Zeit meiner Pilgerschaft begegnet. Sie gleichen jenen ketzerischen Philosophen in Indien, die eine Seele postulieren. Das ist wirklich bedauerlich, denn sie fälschen das *T'an-ching*, indem sie alle möglichen Änderungen nach eigenem Gutdünken vornehmen, die in Widerspruch zur Lehre ihres verehrten Meisters stehen. Die Folge davon ist die Zerstörung des Prinzips, für das wir, die wahren Nachfolger unseres Meisters, eintreten...»

Vom Standpunkt der Textkritik aus hat das *T'an-ching* offenbar stark unter den Händen der nachfolgenden Kompilatoren gelitten, und selbst das älteste T'ang-Exemplar bringt vielleicht keinen allzu genauen Bericht über Hui-nengs Reden. Zweifellos enthält aber sogar dieses allgemein bekannte Exemplar des *T'an-ching* vieles von Hui-nengs charakteristischem Standpunkt, vor allem seine Lehre von der Prajñā, welche sich von jener seiner Vorgänger und Zeitgenossen unterscheidet.

Die Vorstellung von einer Seelensubstanz ist keine so subtile Mißdeutung von Hui-neng wie diejenige vom reinen Nichts. Wir können sagen, daß diese beiden Vorstellungen von Prajñā oder der Selbst-Natur die beiden großen Fallgruben sind, in welche die meisten Anhänger des Zen, und in der Tat die meisten Buddhisten, fallen können. Anhänger des Zen müssen sich vor diesen Fehlern hüten. Was sie in diese Fallgruben führt, ist der Versuch, ein intellektuelles oder verstandesmäßiges Verstehen einer Erfahrung an die Stelle der echten Zen-Erfahrung zu setzen. Dieses falsche Verfahren ist der Ursprung aller ernsthaften Irrtümer.

Lassen Sie mich noch einiges aus der Geschichte des Zen nach Hui-neng zitieren, um zu zeigen, wie leicht wir in die Irre gehen können, wo es sich um das Verstehen der Beziehung zwischen Selbst-Natur und Prajñā, Körper und Wirken, UNBEWUSSTEM und Bewußtsein, Leere und einer Welt des Werdens, dem Unerreichbaren und dem Erreichbaren, dem nicht-bleibenden Nirvāna und einem Reich der Geburt und des Todes, Nicht-Unterscheidung und Logik, Nicht-heit und Vielheit handelt.

Im folgenden soll gezeigt werden, wie die Meister sich bemühen, ihren Schülern die Erfahrung von etwas zu vermitteln, das jenseits der Dualismen und doch innerhalb derselben ist, wie oben durch Beispiele belegt wurde. Im wesentlichen besteht die Zen-Erfahrung darin, in das Wirken der Prajñā Einblick zu gewinnen, aus dem unsere Alltagswelt der Gegensätze hervorgeht.

Shih-kung Hui-ts'ang von Fu-chou, einer der größten Schüler von Ma-tsu, stellte, da er den Mönchsvorsteher in seinem Kloster auf die Probe stellen wollte, die folgende Frage: «Kannst du leeren Raum greifen?» Der Mönch erwiderte: «Ja, Meister.» «Wie verfährst du dabei?» fragte der Meister. Der Mönch streckte daraufhin den Arm aus und griff plötzlich in den leeren Raum. Dazu bemerkte der Meister: «Wie kannst du in dieser Weise den Raum greifen?» – «Wie sonst?» entgegnete der Mönch. Kaum hatte er dies gesagt, als der Meister die Nase des Mönches ergriff und heftig an ihr zog. Der Mönch schrie laut auf und sagte: «Das ist wirklich zu stark; Ihr werdet sie ausreißen!» Der Meister schloß mit den Worten: «In keiner Weise kannst du leeren Raum greifen.»

Hier sehen wir, daß das UNBEWUSSTE sich keineswegs seiner selbst unbewußt ist, und ebenso, daß Leere eine durchaus konkrete Substanz darstellt, die wir mit Händen greifen können. In Hui-nengs Tagen wurde diese Wahrheit noch nicht so anschaulich, so lebendig demonstriert. Als Hui-neng einem seiner Schüler, der hingebungsvoll das *Pundarīka-Sūtra* studierte, sagte, er solle sich nicht vom Sūtra «herumdrehen lassen», sondern es dazu bringen, «sich herumzudrehen», meinte er damit genau das, was später auch Shih-kung darlegte, doch er focht trotzdem immer noch eifrig mit der gleichen Waffe, die seine Schüler benutzten, das heißt, mit mehr oder weniger begrifflichen Mitteln.

Wenn Buddhisten gesagt wird, der Buddha komme nirgendher und entferne sich nirgendhin, oder der Dharmakāya sei wie ein leerer Raum und dort zu finden, wo Nicht-Bewußtsein *(wu-hsin)* sei, geraten sie in Verlegenheit, oder sie versuchen, nach leerem Raum zu haschen in der Annahme, das führe zu etwas. Sie werden aber nie zur Prajñā erwachen, außer wenn ihre Nase kräftig verdreht wird und Tränen aus ihren Augen stürzen.

Selbst wenn ihnen gesagt wird, alle Wesen seien mit Buddha-Natur begabt und sie selbst seien, so wie sie sind, Buddhas, halten sie sich infolge ihres unterscheidenden Verstandes, der eine künstliche Schranke zwischen ihnen und dem Buddha errichtet, von der Buddhaschaft fern. Hui-nengs Sendung bestand einzig und allein darin, diese Schranke niederzureißen; daher seine Erklärung: «Von Anbeginn existiert nichts.» Das muß seine Schüler beunruhigt haben von dem Augenblick an, da sie es zum erstenmal aus dem Mund eines Holzfällers hörten, den man für unwissend hielt.

Shih-kung, der vorher schon erwähnte Meister, wurde von einem Mönch gefragt: «Wie kann ich Geburt und Tod entrinnen?» Der Meister antwortete darauf: «Wozu ihnen entrinnen?» Ein anderes Mal lautete die Antwort des Meisters: «Dieser kennt nicht Geburt und Tod.» Vom Standpunkt des Fragenden aus, ist «dieser» in der Tat das Problem.

Ist «dieser» der Buddha?

Yu-ti fragte Tao-t'ing, einen anderen Schüler des Matsu: «Wer ist der Buddha?» Der Meister rief aus: «O Yu-ti!» Yu-ti antwortete: «Ja Meister!» Worauf der Meister sagte: «Suche ihn nicht anderswo.»

Später erzählte ein Mönch diese Geschichte Yüeh-shan, und der sagte: «Ach, er hat jenen Burschen zu fest zusammengebunden!»

«Was soll das heißen?» fragte der Mönch. Yüeh-shan rief ebenfalls aus: «O Mönch!» Der Mönch antwortete: «Ja, Meister!» Yüeh-shan fragte darauf: «Was ist das?»

Wieder «das»! Was bedeutet es dieses Mal? Ist es wieder der Buddha? Wir wollen sehen, ob ein weiteres, ähnliches Zitat uns zu einem besseren Verständnis dieser Sache verhilft.

Ein Mönch fragte Pai-chang Huai-Hai: «Wer ist der Buddha?»

Pai-chang: «Wer bist du?»

Mönch: «Ich bin der und der.»

Pai-chang: «Kennst du diesen Soundso?»

Mönch: «Gewiß!»

Chang hielt darauf seinen Fliegenwedel in die Höhe und fragte: «Siehst du?»

Mönch: «Ich sehe.»

Der Meister unterließ jede weitere Bemerkung.

Weshalb schwieg Pai-chang? Begriff der Mönch, wer der Buddha ist? Oder gab der Meister den Mönch als hoffnungslosen Fall auf? Soweit unser gesunder Menschenverstand es beurteilen kann, gab der Mönch dem Meister anscheinend die richtige Antwort. Stimmte also alles mit dem Mönch? Das Beunruhigende am Zen ist aber, daß es sich stets weigert, alltäglich zu sein und doch Anspruch darauf erhebt. Eines Tages hielt Pai-chang die folgende Rede:

«Es gibt jemanden, der lange keinen Reis ißt und trotzdem keinen Hunger verspürt; es gibt einen anderen, der den ganzen Tag Reis ißt und sich trotzdem nicht gesättigt fühlt.»

Sind das zwei gesonderte Individuen? Oder ist es ein und dasselbe Individuum, das nur auf verschiedene Weise handelt und fühlt? Gibt es hier keinen Buddha?

Shan-shan Chih-chien war ein anderer Schüler des Ma-tsu. Als er einmal zusammen mit allen anderen Mönchen des Klosters wildwachsende Kräuter sammelte, pflückte Nan-ch'üan, der unter ihnen war, ein Kraut und sagte, indem er es in die Höhe hielt: «Das wird eine schöne Opfergabe sein!» Sofort antwortete Chih-chien:

«Dennoch wird er keinen Blick darauf oder auf irgendeine köstliche Speise werfen.» Nan-ch'üan entgegnete: «Das kann sein, aber bevor nicht jeder von uns einmal davon gekostet hat, sind wir niemals fertig.»

Prajñā muß einmal in der Selbst-Natur erweckt werden, denn bevor wir nicht diese Erfahrung gemacht haben, werden wir nie Gelegenheit finden, den Buddha nicht nur in uns selbst, sondern auch in anderen zu sehen. Diese Erweckung ist aber keine besondere Tat, die im Bereich des empirischen Bewußtseins vollbracht wird, und deshalb gleicht sie einer Mondspiegelung im Strom; sie ist weder kontinuierlich noch zusammenhanglos; sie ist jenseits von Geburt und Tod; selbst wenn es heißt, sie sei geboren worden, kennt sie keine Geburt; selbst wenn es heißt, sie sei vergangen, kennt sie kein Vergehen; erst wenn die Nicht-Bewußtheit (das UNBEWUSSTE) geschaut wird, gibt es Gespräche, die nie geführt, gibt es Taten, die nie vollbracht werden...

Ich hoffe, daß diese Stellen uns einen flüchtigen Blick auf einige Aspekte der von Hui-neng verbreiteten Zen-Gedanken, wie auf deren Entwicklung nach seinem Tode, gewähren. Daß die Einsicht in die eigene Selbst-Natur die Erlangung der Buddhaschaft bedeutet, wurde seit Hui-neng die wichtigste Lehre des Zen-Buddhismus, vor allem der Rinzai-Schule des Zen, sowohl in Japan als auch in China. Dieses Sehen steht in Gegensatz zum bloßen Nachdenken oder zur bloßen Kontemplation über die Reinheit der Selbst-Natur, aber es bleibt noch ein Rest der alten Gewohnheit quietistischer Kontemplation. Denn ungeachtet der Tatsache, daß Sehen ein ebensolcher Akt ist wie die Bewegung einer Hand oder eines Fußes oder wie das Aussprechen von Wörtern, ist die Aktivität beim Sehen weniger wahrnehmbar als beim

Händeschütteln oder Hervorstoßen von Lauten aus der Kehle und dem Munde, und diese anatomische Besonderheit läßt uns den Akt des Sehens vom quietistischen Standpunkt aus betrachten. Der intellektuelle geistige Typus gibt sich vielleicht mit dieser Tendenz zufrieden, doch bei vorwiegend praktisch veranlagten Menschen verhält es sich anders.

Die Entwicklung des Zen-Gedankens in China erfolgte bis zu den Tagen von Hui-neng mehr oder weniger nach indischem Muster, doch danach begann sie in charakteristischer Weise den chinesischen Weg einzuschlagen. Die intellektuelle Einsicht in die Selbst-Natur, die vom indischen Geist so gründlich ausgebildet wurde, weicht jetzt dem, was man die Phase der praktischen Demonstration des chinesischen Zen nennen könnte. Mit den Worten der chinesischen buddhistischen Philosophie können wir feststellen, daß das Wirken der Prajñā jetzt sichtbarer hervortritt als der Körper der Prajñā.

Kuei-shan Ling-yu tat einmal folgenden Ausspruch: «Viele Meister haben in der Tat Einsicht in den Großen Körper, aber sie wissen nichts vom Großen Wirken.» Yang-shan, einer der Hauptschüler von Kuei-shan, fragte, als er diese Bemerkung einem am Fuße des Berges lebenden Mönch mitteilte: «Wie denkst du über den Meister?» Der Mönch sagte: «Wiederhole das, bitte.» Als Yang-shan es tun wollte, gab der Mönch ihm einen Fußtritt, so daß er zu Boden fiel. Yang-shan meldete diesen Zwischenfall dem Meister, der herzlich lachte.

Bei einer anderen Gelegenheit erhielt Yang-shan diese Art Fußtritt von Ch'ang-sha Ching-ts'en, einem Schüler Nan-ch'üans. Als sie sich eines Abends am Mondschein erfreuten, sagte Yang-shan: «Alle Menschen sind mit diesem begabt, aber es gelingt ihnen nicht, es zu verwenden.» Ch'ang-sha erwiderte: «Du könntest es verwenden.» Yang: «Wie aber würdest du es verwenden?» Ohne Zögern gab Ch'ang seinem Mitmönch einen Fußtritt, so daß er zu Boden fiel. Als er sich wieder erhob, bemerkte Yang: «Du gleichst wirklich einem Tiger.»

Der Akt des Fußtritts ist in Wirklichkeit der Akt des Sehens, insofern sie beide aus der Selbst-Natur hervorgehen und sie widerspiegeln. Wenn diese Identität erst erkannt wurde, setzt das Handeln sich endlos fort; es gibt nicht nur Fußtritte, sondern auch Schläge, Klapse, Umwerfen, Ausstoßen eines Schreies und so weiter, wie der Zen-Literatur zu entnehmen ist. Ma-tsu und Shih-t'ou, beide Enkelschüler von Hui-neng, können als Begründer der dynamischen Zen-Schule, als Meister des großen Wirkens gelten. Die folgenden Fälle können in mehr als einer Hinsicht als ungewöhnlich betrachtet werden, da sie tatsächlich den Taten eines Irren gleichen. Doch vom Standpunkt des «Großen Wirkens» aus kann Tanz oder die Ausführung eines akrobatischen Kunststücks von großer Bedeutung sein.

Als P'an-shan Pao-chi, ein Schüler von Ma-tsu, im Sterben lag, fragte er: «Ist einer unter euch, der mich abbilden könnte?» Jeder versuchte so gut er konnte, ein Bildnis des Meisters zu malen, doch keiner machte es ihm recht. Alle wurden fortgeschickt. Da kam P'u-hua, einer seiner Schüler, und sagte: «Ich kann Euch abbilden.» – «Wenn dies der Fall ist», sagte der Meister, «warum tust du es dann nicht?» P'u-hua schlug einen Purzelbaum und verließ das Zimmer. P'an-shan bemerkte dazu: «Dieser Bursche wird sich wie ein Irrer benehmen, wenn er als Lehrer in die Welt hinausgeht.»

Diese Prophezeiung ging in Erfüllung, wie in der Biographie von Lin-chi (Rinzai) berichtet wird. Als P'u-hua zusammen mit Lin-chi zu einem Essen im Hause eines ihrer Anhänger eingeladen war, äußerte Lin-chi: «Es wird behauptet, ein einzelnes Haar verschlinge einen großen Ozean und ein Senfkorn enthalte den Berg Sumeru. Ist das ein wunderhaftes Ereignis, oder geschieht es auf natürliche Weise?» P'u-hua warf mit einem Fuß den Tisch um. Lin-chi sagte: «Wie ungezogen!» P'u-hua protestierte: «Wißt Ihr, wo wir uns befinden? Ungezogen oder fein, hier ist nicht der Ort, wo Ihr eine solche Bemerkung machen könnt.»

Am Tage darauf waren sie wieder zusammen zum Essen eingeladen. Da fragte Lin-chi: «Wie ist heute das Essen, verglichen mit dem gestrigen?» P'u-hua warf wieder den Tisch um, wozu Lin-chi bemerkte: «Schön und gut, aber Ihr habt trotzdem sehr schlechte Manieren.» P'u-hua erwiderte: «Was seid Ihr für ein blinder Bursche! Wißt Ihr nicht, daß im Buddhismus solche Bemerkungen wie die Euren über Manieren unangebracht sind?»

Te-shan, ein Zeitgenosse von Lin-chi, war berühmt für folgende Erklärung: «Ob Ihr etwas zu sagen habt, oder nicht, Ihr erhaltet trotzdem dreißig Schläge.» Lin-chi trug Lo-p'u, einem seiner eigenen Schüler, auf, zu Te-shan zu gehen. Lin-chi gab ihm diesen Auftrag: «Du fragst, weshalb man dreißig Schläge erhält, selbst wenn man etwas zu sagen hat. Wenn Te-shan dich schlägt, nimm seinen Stock und treibe ihn damit hinaus. Achte darauf, wie er sich dann verhält.»

Alles verlief mit Te-shan wie es geplant war. Als er jedoch mit dem Stock gestoßen wurde, ging er ruhig in sein Zimmer zurück. Das wurde Lin-chi berichtet, der dazu bemerkte: «Bis jetzt war ich über ihn im Zweifel. Verstehst du ihn aber, Lo-p'u?» Als Lo-p'u zögerte, versetzte Lin-chi ihm einen Schlag.

Chung-i Hung-en, ein Schüler Ma-tsus, wurde einmal von Yang-shan gefragt: «Wie kann man Einsicht in die eigene Selbst-Natur gewinnen?» Chung-i antwortete: «Es gleicht einem Käfig mit sechs Fenstern, in dem ein Affe sitzt. Ruft jemand am Ostfenster: ‹O Affe, o Affe!›, so antwortet er. An den anderen Fenstern erhält man die gleiche Antwort.» Yang-shan dankte ihm für die Belehrung und sagte: «Euer lehrreiches Gleichnis ist durchaus zu verstehen, doch über eines möchte ich noch aufgeklärt werden. Was geschieht, wenn der Affe im Käfig vor Erschöpfung schläft und der andere kommt und ihn befragen will?» Da erhob sich Chung-i von seinem Strohsessel, ergriff Yang-shan beim Arm und sagte, indem er mit ihm zu tanzen begann: «O Affe, o Affe, mein Interview mit dir ist beendet. Es ist, als wenn ein Tierchen sein Nest zwischen den Augenbrauen einer Mücke baute: Es kommt an die Straßenkreuzung und ruft laut: ‹Ausgedehnt ist das Land, es gibt wenige Menschen und man trifft selten Freunde!›»

Chien-nin von Chen-chou war ein anderer Schüler von Ma-tsu. Er arbeitete immer für die Bruderschaft. Wenn die Essenszeit kam, trug er eigenhändig den Kessel mit Reis in den Speisesaal und vollführte an der Eingangstür einen Tanz, wobei er laut verkündete: «O Bodhisattvas, kommt und eßt euren Reis!» Dann klatschte er in die Hände und lachte herzlich. Es heißt, er habe dies zwanzig Jahre lang getan. Später fragte ein Mönch Chang-ching: «Was dachte sich der alte Meister dabei, als er tanzte und dazu in die Hände klatschte?» Chang-ching antwortete: «Es scheint, daß er Lobgesänge angestimmt hat.» Noch später fragte ein anderer Mönch Tai-kuang: «Wenn Chang-ching von Lobsingen spricht, wem wird das Lob dann gespendet?» Tai-kuang erhob sich und tanzte. Daraufhin machte der Mönch Verbeugungen. Tai-kuang fragte: «Was haben deine Verbeugungen zu bedeuten?» Dieses Mal erhob sich der Mönch und tanzte. Darauf sagte Kuang: «O du Geist eines wilden Fuchses!»

Gewinnt man in dieser Weise Einsicht in die eigene Selbst-Natur? Ist das die Art, in der Prajñā «wirkt»? Es ist eine bemerkenswerte Tatsache, daß selbst in den Tagen von Hui-neng diese Art, das Wirken von Prajñā zu demonstrieren, seinen Anhängern unbekannt war. Das Äußerste, was sie taten, war wahrscheinlich, daß sie den Novizen gegenüber die Buddha-Natur für das Absolute erklärten, das sich ganz von selbst offenbaren werde, wenn die Vorstellung von Geburt und Tod nicht mehr bestehe; oder daß das Augenzwinkern, Hochziehen der Augenbrauen, niesen und so weiter zum Buddha-Dharma gehöre; oder daß der Versuch zwecklos sei, in die eigene Natur Einblick zu gewinnen, da man von Anbeginn diese Natur sei und alles, was man tue, aus ihr hervorgehe. An dynamische Demonstrationen, wie wir sie in der späteren Entwicklung des Zen finden, hat vor Ma-tsu und Shih-tou noch niemand gedacht. Daß sie sich tatsächlich herausbildeten und zu einem der wesentlichsten Merkmale des Zen wurden, gehört zu den bemerkenswertesten Geschehnissen in der religiösen Kultur des Fernen Ostens.

Wie wir auch über diese dynamischen Demonstrationen denken mögen, das Zen offenbart uns noch eine andere auffallende Tatsache. Diese nämlich, daß die von den Zen-Meistern verwendeten Methoden, die Wahrheit des Zen zu festigen oder dem Fragesteller die Augen zu öffnen, so mannigfaltig, so originell und so völlig unkonventionell sind, daß wir uns jedesmal, wenn wir ihnen begegnen, ganz erfrischt fühlen und uns häufig ist, als seien wir aus dem Grabe auferstanden. Um zu sehen, wie nach der Beseitigung des Dammes durch Hui-neng die Wasser des Zen ihren ewig-strömenden Lauf suchten, wollen wir einige Beispiele für die Art und Weise anführen, wie Zen das Leben an seiner Wurzel erfaßt. Im folgenden sind die Fragen von sehr verschiedener Art. Manchmal betreffen sie das Tao, manchmal die Buddha-Natur, dann wieder die Bedeutung von Bodhidharmas Kommen nach China oder das Wesen des Buddhismus. So verschieden die Themen auch sind, deuten sie doch alle auf die geheimen Bewegungen der Prajñā hin, die zu verstehen soviel wie Einsicht in die eigene Selbst-Natur, das Ziel der Zen-Schulung, ist. Die folgenden Zitate sind etwas unregelmäßig angeordnet, aber sie erstrecken sich über einen Zeitraum von ungefähr hundert Jahren nach Ma-tsu, dessen Lebenszeit mit einbegriffen.

Ein Mönch fragte Ma-tsu: «Was dachte sich Bodhidharma, als er aus dem Westen hierher kam?» Ma-tsu fragte den Mönch: «Was denkst du dir in diesem Augenblick?»

P'ang, der bekannte Laien-Schüler Ma-tsus fragte: «Wie kann Wasser, das doch keine Muskeln und Knochen hat, ein Schiff von 1000 Tonnen tragen?» Ma-tsu antwortete: «Hier gibt es weder Wasser noch ein Schiff. Und von was für Muskeln und Knochen redest du?»

Pai-chang fragte: «Welches ist das letzte Ziel des Buddhismus?» Ma-tsu erwiderte: «Es ist genau dort, wo du dein Leben aufgibst.»

Als Pai-chang von Ma-tsu gefragt wurde, welches Mittel er wählen würde, um den Zen-Gedanken zu demonstrieren, hielt Pai-chang seinen Fliegenwedel in die Höhe. Ma-tsu fragte: «Ist das alles? Nichts weiter?» Daraufhin warf Pai-chang den Fliegenwedel hin.

Ein Mönch fragte Ma-tsu, was Bodhidharma veranlaßt habe, vom Westen nach China herüberzukommen. Der Meister sagte, indem er den Mönch schlug: «Wenn ich dich nicht schlage, werden alle Meister mich auslachen.»

Tsung-yin von San-chiao Shan hielt eines Tages folgende Rede: «Wenn wir diesen Gegenstand untersuchen wollen, wird uns schon das Hochziehen der Augenbrauen ablenken.» Ma-ku fragte sofort: «Wir wollen nicht vom Hochziehen der Augenbrauen reden, was meint Ihr aber mit ‹dieser Gegenstand›?» Tsung-yin sagte: «So, da wärest du schon abgelenkt.» Ma-ku warf den Stuhl des Meisters um, und der Meister schlug ihn. Ma-ku hatte nichts weiter zu sagen.

Ein Mönch fragte Pao-yung von Lu-tsu Shan: «Was ist gemeint mit ‹Sprechen ist Nicht-Sprechen›?» Der Meister sagte: «Wo ist dein Mund?» «Ich habe keinen Mund.» «Wie ißt du dann deinen Reis?» Der Mönch erwiderte nichts. Später bemerkte Tang-shan dazu: «Jener Bursche ist nie hungrig, braucht keinen Reis.»

Während Chang-hsing von Le-tan mit verschränkten Beinen, das Gesicht der Wand zugekehrt, dasaß, kam Nan-chüan heraus und strich über seinen Rücken. Chang-hsing fragte: «Wer bist du?» «Ich bin P'u-yüan» (welches der Mönchsname von Nan-chüan war). «Wie geht es dir?» fragte Chang-hsing. «Wie gewöhnlich», lautete die Antwort. Da sagte Chang-hsing: «Was für ein tätiges Leben du führst!»

Ein Mönch fragte Pao-chi von P'an-shan: «Was ist das Tao?» Der Meister: «Komm her.» Der Mönch: «Ich kann noch nicht ganz den Sinn begreifen.» Der Meister: «Geh hinaus.»

Als Pao-che von Ma-ku Shan eines Tages seinen Meister Ma-tsu auf dessen Spaziergang begleitete, fragte er: «Was ist das Große Nirvāna?» Der Meister antwortete: «Beeile dich!» «Was soll zur Eile angetrieben werden, o Meister?» «Sieh den Strom!» war die Antwort.

Ein buddhistischer Gelehrter sprach bei Yen-kuan Ch'i-an vor, und dieser fragte: «Welches ist Euer besonderes Studiengebiet?»

Der Gelehrte: «Ich halte Vorträge über das *Avatamsaka-Sūtra.*»

Der Meister: «Wie viele Dharmadhātus lehrt es?»

Der Gelehrte: «Im weitesten Sinn gibt es unzählige Dharmadhātus, die in denkbar engster Beziehung zueinander stehen, doch kurz zusammengefaßt, zählt man deren vier.»

Der Meister hielt darauf seinen Fliegenwedel in die Höhe und fragte: «Zu welchem dieser Dharmadhātus gehört dieses hier?»

Der Gelehrte überlegte eine Weile, um die richtige Antwort zu finden. Der Meister wurde ungeduldig und äußerte sich folgendermaßen: «Sorgfältige Überlegungen und ein diskursiver Verstand haben gar keinen Wert; sie gehören dem Gespensterreich an; sie gleichen einer am hell-lichten Tage brennenden Lampe; sie haben keine Leuchtkraft.»

Ein Mönch erkundigte sich bei Ta-mei, weshalb Bodhidharma aus dem Westen nach China gekommen sei, und der Meister antwortete: «Dem liegt überhaupt kein Plan zugrunde.» Als Ch'i-an von dieser Bemerkung hörte, sagte er: «Zwei Leichen in einem einzigen Sarg.»

Ein Mönch fragte Ling-mo von Hu-hsieh Shan: «Welches ist der Anfang und das Ende hiervon?»
Ling-mo: «Sage mir, wie lange dieser Augenblick gedauert hat.»
Der Mönch: «Ich bin außerstande, Euch zu folgen.»
Ling-mo: «Ich habe hier keine Möglichkeit, mich mit Fragen wie deiner abzugeben.»
Der Mönch: «Ihr müßt aber doch irgendwie imstande sein, Menschen wie Euch zu behandeln.»
Ling-mo: «Wenn sie kommen und um meine Behandlung bitten, lasse ich sie ihnen zuteil werden.»
Der Mönch: «Ich bitte also um Eure Behandlung.»
Ling-mo: «Fehlt dir irgend etwas?»

Ein Mönch fragte Wei-kuan von Hsing-shan Ssu: «Was ist das Tao?»
Wei-kuan: «Was für ein schöner Berg!»
Der Mönch: «Ich frage Euch nach dem Tao, warum redet Ihr dann vom Berg?»
Wei-kuan: «Solange du nur etwas vom Berg weißt, besteht keine Aussicht für dich, das Tao zu erlangen.»

Ein anderer Mönch fragte Wei-kuan: «Wo ist das Tao?»
Kuan: «Unmittelbar vor uns.»

Der Mönch: «Weshalb sehe ich es nicht?»

Kuan: «Wegen deiner Selbstsucht kannst du es nicht sehen.»

Der Mönch: «Wenn ich es wegen meiner Selbstsucht nicht sehen kann, vermag dann Euer Ehrwürden es zu sehen?»

Kuan: «Solange es ein ‹Ich und Du› gibt, erschwert dies die Lage, und kein Schauen des Tao ist möglich.»

Der Mönch: «Wird es geschaut, wenn es weder ‹Ich› noch ‹Du› gibt?»

Kuan: «Wenn es weder ‹Ich› noch ‹Du› gibt, wer sollte es dann hier sehen können?»

Als Chih-chang von Kuei-sung zusammen mit Nan-chüan P'u-yüan Tee trank, sagte Nan-chüan: «Wir waren gute Freunde, unterhielten uns über viele Dinge und wägten sie sorgfältig ab, und es kennt jeder den Standpunkt des anderen; was würdet Ihr nun, da jeder seinen eigenen Weg geht, sagen, wenn jemand käme und Euch nach den letzten Dingen fragte?»

Chih-chang: «Der Boden, auf dem wir jetzt sitzen, eignet sich vorzüglich für den Bau einer Hütte.»

Nan-chüan: «Laßt mich mit Eurer Hütte in Ruhe; wie steht es mit den letzten Dingen?»

Chih-chang stellte das Teegeschirr beiseite und erhob sich von seinem Sitz. Daraufhin sagte Nan-chüan: «Ihr seid fertig mit Eurem Tee, ich bin es aber noch nicht.»

Chih-chang: «Der Bursche, der so spricht, kann nicht einmal einen Tropfen Wasser trinken.»

Chih-chang kam eines Tages in die Halle und verkündete: «Ich werde jetzt über Zen sprechen. Kommt alle zu mir her.» Als die Mönche herbeigekommen waren, sagte der Meister: «Wenn ihr die Taten von Kuan-yin vernommen habt, werdet ihr imstande sein, euch den Umständen entsprechend richtig zu benehmen.» Die Mönche fragten: «Welches sind die Taten von Kuan-yin?» Der Meister schnippte darauf mit den Fingern und sagte: «Hört ihr es alle?» Die Mönche sagten: «Ja, wir hören es.» «Was für eine alberne Gesellschaft ihr seid! Was wollt ihr eigentlich hier?» Indem er dies sagte, trieb der Meister sie mit dem Stock aus der Halle und kehrte, herzhaft lachend, in die Wohnung des Abtes zurück.

Ein Mönch fragte Li-shan: «Alles kehrt in die Leere zurück, doch wohin kehrt die Leere zurück?»

Li-shan: «Die Stimme vermag ihr keinen Ort anzuweisen.»

Der Mönch: «Weshalb nicht?»

Li-shan: «Wegen der Einheit von innen und außen.»

Bei einer anderen Gelegenheit fragte ein Mönch: «Was war mit Bodhidharmas Herüberkommen nach hier aus dem Westen geplant?»

Li-shan: «Hier gibt es kein ‹Was›.»

Der Mönch: «Welches ist der Grund?»

Li-shan: «Gerade der, daß die Dinge so sind wie sie sind.»

Pai-ling traf eines Tages auf der Straße P'ang, den Laienbruder. Pai-ling fragte: «Hattest du Gelegenheit, irgend jemandem gegenüber die Wahrheit zu verteidigen, die dir früher in Nan-yüeh aufgegangen ist?»

P'ang: «Ja, ich hatte sie.»

Pai-ling: «Wem gegenüber?»

P'ang wies auf sich selbst und sagte: «Diesem alten Mann gegenüber.»

Pai-ling: «Selbst das Lob von Mañjusrī und Subhūti wird dir nicht gerecht.»

P'ang fragte nun: «Gibt es irgend jemanden, der die Wahrheit kennt, die Euch aufgegangen ist?»

Pai-ling setzte seinen Bambushut auf und entfernte sich.

P'ang sagte: «Lebt wohl, alter Mann, gebt gut auf Euch acht.» Doch Ling ging unentwegt weiter, ohne zurückzublicken.

Tan-hsia T'ien-jan, ein Schüler von Shih-t'ou, sprach eines Tages bei Hui-chung, dem Lehrer der Nation, vor und fragte den Diener, ob er den Meister sehen könne. Der Diener sagte: «Der Meister ist zu Hause, aber er empfängt keine Besucher.»

Tan-hsia: «Wie unergründlich tief!»

Der Diener: «Selbst das Auge des Buddha vermag die Tiefen nicht zu ergründen.»

Tan-hsia: «In der Tat, der Sohn des Drachen ist ein Drache und der Sohn des Phönix ist ein Phönix.»

Nachdem Chung, der Lehrer der Nation, von seinem Mittagsschlaf erwacht war, erzählte ihm der Diener vom Besucher. Chung versetzte ihm zwanzig Schläge und jagte ihn aus dem Haus. Als Tan-hsia dies später erfuhr, sagte er: «Chung ist wahrhaft der Lehrer der Nation», und am nächsten Tage sprach er wieder bei ihm vor. Sowie er des Landesmeisters ansichtig wurde, legte Tan-hsia sein Kissen hin, um seine Verbeugungen zu machen. Doch Chung sagte: «Nicht nötig, nicht nötig!» Als Tan-hsia einige Schritte rückwärts ging, sagte Chung: «So ist es recht.» Tan-hsia ging dann um den Meister herum und entfernte sich. Chungs Folgerung war: «Da die Menschen von der Zeit der alten Meister weit entfernt sind,

vernachlässigen sie das, was sie tun sollten. Selbst in dreißig Jahren von jetzt an gerechnet, wird man kaum einem
solchen Burschen begegnen.»

Als Hui-lang von Chao-t'i Ma-tsu besuchte, fragte dieser: «Was sucht Ihr hier?»

Hui-lang: «Ich bin auf der Suche nach der von Buddha
erlangten Einsicht.»

Ma-tsu: «Der Buddha hat keine solche Einsicht; die
Bösen sind im Besitz einer solchen. Ihr sagt, Ihr kommt
aus Nan-yüeh, doch Ihr scheint Shih-t'ou noch nicht gesehen zu haben. Es wäre besser, Ihr ginget zu ihm zurück.»

Daraufhin ging Hui-lang nach Nan-yüeh zurück und
fragte: «Was ist der Buddha?»

Shih-t'ou: «Du hast keine Buddha-Natur.»

Hui-lang: «Wie verhält es sich bei jenen Geschöpfen,
die sich um uns her bewegen?»

Shih-t'ou: «Diese besitzen sie.»

Hui-lang: «Warum habe ich sie dann nicht?»

Shih-t'ou: «Weil Ihr Euch nicht selbst darum geküm-
mert habt.»

Es heißt, dies habe ihm die Augen für seine Selbst-
Natur geöffnet. Später lebte er in Cho-t'i, und was für
Mönche auch immer zu ihm kamen, um unterwiesen zu
werden, sie wurden mit den Worten fortgeschickt: «Pack
dich! Du hast keine Buddha-Natur!»

Zum besseren Verständnis dieser Behandlung durch Hui-
lang will ich zwei weitere Fälle dieser Art aus dem
Ch'uan-teng-lu beifügen. Chang-ching Hui-yün wurde
einmal von einem Mönch gefragt: «Was ist das, was in
diesem Körper der Vier Elemente und der Fünf Skandhas

die Buddha-Natur genannt wird?» Der Meister rief den Mönch bei Namen, und der Mönch antwortete: «Ja.» Der Meister schwieg eine Weile und bemerkte dann: «In dir ist keine Buddha-Natur.»

Als Ehu Ta-i (735–818) vom Kaiser Shun-tsung gefragt wurde: «Was ist die Buddha-Natur?» antwortete der Meister: «Sie ist nicht so weit entfernt von woher die Frage Eurer Majestät kommt.»

Hui-ch'ao von Shu-shan wurde einmal von Tung-shan aufgesucht, der ihn um Unterweisung bat. Hui-ch'ao sagte: «Ihr habt schon Eure Wohnstätte gefunden [Ihr seid kein Mönch auf Pilgerschaft mehr], und was veranlaßt Euch, hierher zu kommen, um von mir unterwiesen zu werden?»

Tung-shan: «Ich habe noch immer einen unruhigen Geist, den ich nicht beherrschen kann. Das ist der einzige Grund, weshalb ich herkam, um Euch zu sehen.»

Hui-ch'ao rief aus: «O Liang-chieh [welches der Mönchsname von Tung-shan war]! Worauf Tung-shan erwiderte: «Ja, Meister.»

Hui-ch'ao: «Was ist das?»

Tung-shan sagte kein Wort. Hui-ch'ao sprach sein Urteil: «Ein großartiger Buddha, doch unglücklicherweise strahlt er kein Licht aus.»

Pai-chang beendete eines Tages eine Rede, und als er sah, daß die Bruderschaft die Halle verließ, rief er aus: «O Brüder!» Sie kehrten alle zurück, worauf der Meister sagte: «Was ist das?» Diese Bemerkung wurde zu einem häufigen Gesprächsthema der Zen-Übenden jener Zeit.

Chen-lang kam zu Shih-t'ou und fragte: «Was hat Bodhi-dharma veranlaßt, aus dem Westen herüberzukommen?»

Shih-t'ou: «Frage den Pfosten da drüben.»

Chen-lang: «Ich verstehe nicht.»

Shih-t'ou: «Ich auch nicht.»

Diese Bemerkung ließ Chen-lang die Wahrheit erkennen. Als später ein Mönch zu ihm kam und ihn um seine Unterweisung bat, rief er aus: «O Ehrwürdiger!» Der Mönch antwortete: «Ja.» Worauf Chen-lang sagte: «Du wendest dich von dir selbst ab.» «Wenn dies der Fall ist, warum sorgt Ihr dann nicht dafür, daß ich mich richtig verhalte?» Nach diesen Worten rieb Chen-lang sich die Augen, als versuche er, besser zu sehen. Der Mönch war sprachlos.

Shih-t'ou erklärte einmal: «Was für Gespräche Ihr auch darüber führen mögt, wie Ihr Euch auch benehmen mögt, solche Dinge haben nichts damit zu tun.» Wei-yen von Yüeh-shan bemerkte dazu: «Selbst wenn Ihr nicht darüber sprecht, selbst wenn Ihr Euch nicht irgendwie benehmt, haben solche Dinge nichts damit zu tun.»

Shih-t'ou: «Hier ist nicht einmal für eine Nadelspitze Platz.»

Wei-yen: «Es ist, als pflanze man Blumen auf einen Fels.»

Als Yüeh-shan Wei-yen mit verschränkten Beinen ruhig dasaß, kam ein Mönch zu ihm und sagte: «Woran denkt Ihr in dieser unbewegten Haltung?»

Yüeh-shan: «An das, was jenseits des Denkens ist.»

Der Mönch: «Wie setzt Ihr das Denken an dasjenige fort, das jenseits des Denkens ist?»

Yüeh-shan: «Durch Nicht-Denken.»

Ein Mönch fragte: «Ich bin noch über etwas im Zweifel und möchte, daß Ihr darüber entscheidet.»

Yüeh-shan: «Warte, bis ich heute abend in die Halle komme, dann will ich deine Zweifel zerstreuen.»

Als die Bruderschaft in der Halle versammelt war, rief er den Mönch zu sich. Der Mönch ging zu ihm hin, worauf der Meister von seinem Stuhl herabstieg, den Mönch ergriff und ausrief: «O Mönche, hier ist einer, der über etwas im Zweifel ist.» Indem er das sagte, stieß er ihn von sich und kehrte in seine Wohnung zurück.

Später bemerkte Hsüan-chiao dazu: «Zerstreute Yüeh-shan wirklich den Zweifel des Mönches? Wenn ja, um was handelte es sich? War es aber nicht der Fall, warum sagte dann der Meister dem Mönch, er werde es für ihn zur Zeit des abendlichen Gottesdienstes in Ordnung bringen?»

Yang-shan fragte Kuei-shan, was Bodhidharma veranlaßt habe, von Indien nach China herüberzukommen, und Kuei-shan erwiderte: «Was für eine schöne Laterne dies ist!»

Yang-shan: «Ist nicht sie dies, und keine andere?»

Kuei-shan: «Was meint Ihr mit ‹dies›?»

Yang-shan: «Was für eine schöne Laterne dies ist!»

Kuei-shan: «Natürlich! Ihr wißt es nicht.»

Ich möchte beiläufig bemerken, daß es im Zen für den Uneingeweihten oft schwer ist zu wissen, welche Absicht der Meister mit seiner Bemerkung verfolgt. Im vorliegenden Fall ist Kuei-shans «Ihr wißt es nicht» nicht in seinem gewöhnlichen Sinn als Unwissenheit zu verstehen. Denn hier will Kuei-shan nicht etwa sagen, daß Yang-shan die Sache nicht begriffen hat; Kuei-shan weiß im Gegenteil sehr gut, wo Yang-shan steht, und auch, daß Yang-shan den Standpunkt von Kuei-shan gut versteht. Aus diesem Grunde können wir nicht einfach wörtlich nehmen, was sie einander sagen, sondern müssen zuerst zum Kern ihrer Aussprüche vordringen und deren Absicht zu ergründen suchen.

So bat ein Mönch Yüeh-shan, ihn zu erleuchten, da er über den Sinn seines Daseins noch im Unklaren sei. Yüeh-shan schwieg eine ganze Weile. Dieses Schweigen ist voller Bedeutung, und wenn der Mönch dafür bereit gewesen wäre, hätte er begriffen, was Yüeh-shan schweigen ließ. Tatsächlich versagte der Mönch, und Yüeh-shan sagte: «Es wäre mir ein leichtes, dir etwas über den vorliegenden Fall zu sagen. Worauf es ankommt, ist, seinen Sinn ohne einen Augenblick des Überlegens zu erfassen sowie ein Wort darüber verlautet. Gelingt es einem, so ist man der Wahrheit um einen Schritt nähergekommen. Andernfalls beginnst du zu zögern und über die Dinge nachzudenken, und schließlich wird dann mir die Schuld gegeben. Da ist es schon besser, den Mund zu halten, damit keine weiteren Schwierigkeiten für uns entstehen.» Diese Feststellung von Yüeh-shan trifft den Nagel auf den Kopf. Worte wenden sich an unseren kritischen Verstand und führen zu Vernunftschlüssen, während das Zen den entgegengesetzten Weg einschlägt und sein Augenmerk auf den Zustand vor dem Lautwerden von Worten richtet.

Ein Mönch kam zu Shih-lou, einem Schüler von Shih-t'ou, und fragte: «Ich weiß noch immer nichts über meine uranfängliche Geburt. Könttet Ihr so gut sein, mich darüber aufzuklären?»

Shih-lou: «Ich habe keine Ohren.»

Der Mönch: «Ich weiß, daß ich auf falscher Fährte war.»

Shih-lou: «O nein, ich selbst bin im Irrtum.»

Der Mönch: «Worin besteht Euer Irrtum, o Meister?»

Shih-lou: «Der Irrtum ist dort zu finden, wo du sagst, du irrtest dich.»

Der Mönch machte Verbeugungen und der Meister schlug ihn.

Hua-lin wurde von seinem Meister Shih-t'ou gefragt: «Bist du ein Zen-Mönch oder ein gewöhnlicher Mönch?»

Hua-lin: «Ich bin ein Zen-Mönch.»

Shih-t'ou: «Was ist Zen?»

Hua-lin: «Hochziehen der Augenbrauen, Bewegen der Augen.»

Shih-t'ou: «Laß deine uranfängliche Gestalt hervortreten und zeige sie mir. Ich habe keine Verwendung für Hochziehen der Augenbrauen und Bewegen der Augen.»

Hua-lin: «O Meister, hört auf mit Eurem Hochziehen der Augenbrauen und Bewegen der Augen, und seht mich, wie ich bin.»

Shih-t'ou: «Ich habe damit aufgehört.»

Hua-lin: «Das Spiel ist aus.»

Ts'ui-wei Wu-hsüeh ging eines Tages in der Dharma-Halle spazieren, als T'ou-tzu sich näherte und unter Verbeugungen ehrerbietig fragte: «O Meister, welche Unterweisung gebt Ihr uns hinsichtlich der geheimen Botschaft, die Bodhidharma aus dem Westen brachte?» Ts'ui-wei blieb eine Weile stehen. T'ou-tzu bat noch einmal um Unterweisung, worauf der Meister sagte: «Was, du willst noch eine zweite Schöpfkelle voll Spülwasser?» T'ou-tzu verbeugte sich und zog sich zurück. Die Abschiedsworte des Meisters lauteten: «Vernachlässige es nicht.» Und T'ou-tzus Antwort war: «Wenn es an der Zeit ist, wird es Wurzeln schlagen, und eine junge Pflanze wird entstehen.»

Als Ts'ui-wei Opfergaben vor die Arhat-Statuen stellte, fragte ein Mönch: «Tan-hsia [Ts'ui-weis Meister] tat die hölzernen Buddhas in ein Feuer; wieso bringt Ihr den Arhats Opfergaben dar?» Der Meister antwortete: «Selbst wenn sie in ein Feuer getan werden, verbrennen sie nie; und was mein Opfer für die Arhats betrifft, so laß mich damit in Ruhe.»

Ein anderes Mal fragte ein Mönch: «Wenn Ihr den Arhats Opfergaben darbringt, kommen sie dann, um sie in Empfang zu nehmen, oder nicht?» Der Meister erwiderte: «Ißt du jeden Tag?» Der Mönch schwieg und der Meister schloß mit den Worten: «Es gibt nur wenige Kluge.»

Als Tao-wu Yüan-chih und Yün-yen den Dienst bei ihrem Meister Yüeh-shan verrichteten, sagte dieser: «Hütet euch, noch ein Wort zu äußern, wenn ihr mit dem Verstande am Ende seid. Wenn ihr es tut, werden Schleifsteine auf euch wachsen. Was sagst du dazu, Bruder Chih?» Yüan-chih verließ daraufhin den Raum. Yün-yen fragte Yüeh-shan: «Weshalb beantwortete mein Bruder Chih Eure Frage nicht?» Yüeh-shan sagte: «Mein Rücken schmerzt mich heute; Bruder Chih weiß es sehr gut. Gehe zu ihm hin und frage ihn.» Daraufhin ging Yün-yen hinaus, und als er Chih sah, sagte er zu ihm: «Wieso konntest du vor einer Weile dem Meister nicht antworten?» Chih jedoch sagte ihm, er solle zum Meister zurückgehen, denn dieser wisse alles.

Te-ch'ien von Hua-ting war im Volke als Fährmann bekannt, denn er lebte in einem kleinen Boot auf dem Wu-
Fluß. Eines Tages kam ein Mönch namens Shan-hui,
dem ein Freund geraten hatte, diesen Bootsmann aufzu-
suchen, nur zu dem Zweck, ihm seine Aufwartung zu
machen. Der Bootsmann fragte: «In welchem Kloster
haltet Ihr Euch auf?»

Shan-hui: «Ich halte mich in keinem Kloster auf. Niemand kennt den Ort, an dem ich mich aufhalte.»

Der Bootsmann: «Wie sieht der Ort aus, den niemand
kennt?»

Shan-hui: «So weit der Blick reicht, sehe ich nichts,
das ihm vergleichbar wäre.»

Der Bootsmann: «Wo lerntet Ihr solche Worte?»

Shan-hui: «Es ist jenseits von allem Hören und Sehen.»

Der Bootsmann lachte herzlich und sagte: «So vor-
trefflich Eure Philosophie auch sein mag, nützt sie Euch
nicht mehr als der Pfosten, an dem Euer Esel angebunden
ist. Wird eine Schnur von tausend Fuß Länge in den
Teich hinabgelassen, so geschieht es, um die Tiefe des
Abgrundes auszuloten. Schnappt nicht nach dem Köder,
sondern sagt es schnell, schnell.»

Als Shan-hui im Begriff stand seinen Mund zu öffnen,
stieß der Bootsmann ihn mit seiner Stange ins Wasser,
was Shan-hui plötzlich Satori erfahren ließ. Was den
Bootsmann betrifft, so verließ er sofort das Boot, und
niemand wußte, wo er den Rest seines Lebens ver-
brachte.

Als Kao an einem regnerischen Tage bei Yüeh-shan vorsprach, sagte der Meister: «So, da bist du also.»

Kao: «Ja, Meister.»

Yüeh: «Nicht wahr, du bist sehr naß?»

Kao: «Hier braucht keine solche Trommel geschlagen zu werden.»

Yün-yen und T'ao-wu waren bei Yüeh-shan, und Yün sagte: «Hier ist kein Fell, und welche Trommel sollte geschlagen werden?» T'ao aber sagte: «Hier ist keine Trommel, und welches Fell sollte geschlagen werden?» Zuletzt sagte Yüeh-shan: «Was für eine schöne Melodie hören wir heute!»

Als die Essenszeit nahte, schlug Yüeh-shan eigenhändig die Trommel, und Kao kam mit einer Schale in den Speisesaal getanzt. Yüeh-shan legte die Trommelstöcke nieder, als er dies sah, und fragte: «Welche Melodie ist das?»

Kao: «Melodie Nummer 2.»

Yüeh: «Welches ist Melodie Nummer 1?»

Kao füllte seine Schale mit Reis aus dem Kessel und entfernte sich.

Aus diesen «Fragen und Antworten», die zwischen Zen-Übenden während der 150 Jahre nach dem Ableben Huinengs ausgetauscht wurden, kann der Leser das Ausmaß der Entwicklung der Zen-Methode ermessen. Im Vergleich zu den Formen, die bis zur Zeit des Sechsten Patriarchen auftraten, fand ein fast völliger Szenenwechsel statt. Bis dahin hatte man hauptsächlich die Sūtra-Terminologie bei der Auslegung des Zen verwendet. Niemand hätte jemals daran gedacht, daß Schläge, Fußtritte und andere rauhe Behandlungsmethoden Verwendung finden würden. «Bloßes Schauen» gab es jetzt nicht mehr, an seine Stelle trat das Handeln. Hat das den Geist des Zen wesentlich verändert, wie er von Bodhidharma bis zum Sechsten Patriarchen überliefert wurde? Von außen betrachtet ja, doch nicht dem Wesen nach. Was sich verändert hat, ist die angewandte Methode. Der Geist ist derjenige von Hui-neng welcher erklärt: «Ich bestimme Gedanken-Leerheit [*wu-nien*, das UNBEWUSSTE] zum Prinzip (meiner Lehre), Gestaltlosigkeit zum Körper und Bleibelosigkeit zur Quelle.» Diese Erklärung bildet die Grundlage der Zen-Lehre und kann in jenen vielfältigen Antworten entdeckt werden, welche die Meister in Worten und Gebärden erteilten.

Wu-nien (Nicht-Gedanke) ist ein psychologischer, *wuhsiang* (Nicht-Gestalt) ein ontologischer, und *wu-chu* (Nicht-Bleiben) ein moralischer Begriff. Der erste und der dritte haben nie subjektive, der zweite hat nie objektive Bedeutung. In Wirklichkeit bedeuten sie das gleiche, doch Zen hat starkes Interesse an der Psychologie, an der Realisation des UNBEWUSSTEN und daran, über dasselbe hinauszugehen. Denn wenn dieses gelingt, wird ein Bleiben gefunden, das Nicht-Bleiben ist. Der Geist ist dann vollkommen frei von jeder Form, was zugleich die Loslösung vom Geist selbst bedeutet, und dies ist ein Zustand von *wu-nien*, «Gedanken-Leerheit». Bisher wurde dies in Verbindung mit Prajñā studiert, weil Hui-neng das Problem von Prajñā und Dhyāna intensiv beschäftigte, was dem Geiste seiner Zeit entsprach. Wir wollen nun sehen, in welchem Lichte diese Gedanken-Leerheit, oder das UNBEWUSSTE, zu verstehen ist, wenn sie mit unserem moralischen Leben in Verbindung gebracht wird.

MUSHIN IN LEBEN UND
METHODE DER ZEN-MEISTER

Wir kommen jetzt zu der bedeutsamen Auseinandersetzung innerhalb der Lehre des Zen. Soweit es die Einsicht in das eigene innere Wesen betrifft, handelt es sich mehr oder weniger um eine Angelegenheit der Erkenntnislehre, die unser praktisches Leben in moralischer Hinsicht nicht zu berühren scheint. Wenn aber Prajñā nicht vom Standpunkt des Schauens, sondern von dem des Handelns aus betrachtet wird, trifft es ins Innerste des Lebens. Die meisten der oben angeführten «Fragen und Antworten» sind der frühen Geschichte des Zen mit der Absicht entnommen, die Lehrmethoden der einzelnen Meister zu zeigen, durch welche sie Prajñā im Geiste der Schüler zu erwecken suchten – in einem Geiste, der durch die dualistische Interpretation des Lebens und der Welt in höchstem Maße verdunkelt war. In den folgenden Beispielen wollen wir das innere Wirken der Prajñā in ihrem täglichen Verhalten zu erkennen suchen.

Ein Mönch fragte Ching-ts'en von Chang-sha: «Was ist gemeint mit ‹unser alltägliches Bewußtsein ist das Tao›?»

Ching-ts'en: «Wenn ich mich schläfrig fühle, schlafe ich; wenn ich sitzen möchte, sitze ich.»

Der Mönch: «Ich kann Euch nicht folgen.»

Ching-ts'en: «Im Sommer suchen wir einen kühlen Platz auf; wenn es kalt ist, sitzen wir an einem Feuer.»

Ein Vinaya-Meister namens Yüan kam zu Tai-chu Hui-hai und fragte: «Wenn man sich zum Tao erzieht, gibt es da eine besondere Art, es zu tun?»

Hui-hai: «Ja, die gibt es.»

Yüan: «Worin besteht sie?»

Hui-hai: «Wenn einen hungert, ißt man; wenn man müde ist, schläft man.»

Yüan: «Das tun andere Leute auch; ist ihre Art die gleiche wie Eure?»

Hui-hai: «Nicht die gleiche.»

Yüan: «Weshalb nicht?»

Hui-hai: «Wenn sie essen, dann essen sie nicht einfach, sondern beschwören alle möglichen Einbildungen herauf; wenn sie schlafen, dann schlafen sie nicht einfach, sondern sind einer Menge unnützer Gedanken ausgeliefert. Aus diesem Grunde ist ihre Art nicht die meine.»

Der Vinaya-Meister bedrängte den Zen-Meister nicht länger.

Als in Pai-chang die ganze Bruderschaft damit beschäftigt war, die Felder zu bestellen, war unter ihnen ein Mönch, der beim Ertönen der Essenstrommel sofort seinen Spaten ergriff, herzlich lachte und davonging. Huai-hai, der Meister, bemerkte dazu: «Was für ein kluger Bursche! Auf diese Weise durchschreitet man das Bodhisattva-Tor der Wahrheit.» Als er in das Kloster zurückkam, ließ er den betreffenden Mönch kommen und fragte ihn:

«Welche Wahrheit ging dir auf, als du vor einer Weile die Trommel hörtest?» Der Mönch antwortete: «Nichts Besonderes, Meister. Als ich die Essenstrommel vernahm, ging ich zurück und nahm meine Mahlzeit ein.» Dieses Mal war es der Meister, der herzlich lachte.

Als Kuei-shan Ling-ju in der Halle saß, schlug der Koch den Mokugyō (wörtlich: hölzerner Fisch), um die Essenszeit anzuzeigen. Als er es hörte, legte der Mönch, der das Feuer unterhielt, den Feuerhaken nieder und lachte herzlich, wobei er in die Hände klatschte. Der Meister sagte: «Hier in meiner Bruderschaft gibt es einen wirklich klugen Mann.» Später ließ er den Mönch kommen und fragte ihn: «Was war mit dir los?» Der Hüter des Feuers entgegnete: «Ich hatte diesen Morgen kein Frühstück, und da ich sehr hungrig war, freute ich mich ganz besonders, als ich den Gong hörte.» Der Meister nickte.

Yün-yen fragte Pai-chang Huai-hai: «Ehrwürdiger Herr, Ihr scheint jeden Tag emsig beschäftigt zu sein. Für wen geschieht es?»

Huai-hai: «Da ist jemand, der es wünscht.»

Yün-yen: «Warum laßt Ihr es ihn nicht selbst tun?»

Huai-hai: «Er führt keinen eigenen Haushalt.»

Als Huang-po Hsi-yün von Nan-ch'üan fortging, gab dieser ihm bis zum Klostertor das Geleit. Indem er Yüns Reisehut emporhielt, sagte Ch'üan: «Ihr seid ungeheuer groß, aber , nicht wahr, Euer Hut ist keineswegs zu groß für Euch?»

Yün erwiderte: «Schon möglich, aber das ganze Weltall findet leicht darunter Platz.»

Ch'üan: «Wie verhält es sich dann mit mir?»

Yün setzte seinen Hut auf und entfernte sich.

Als Yün-chi von Chung-nan Shan unter Nan-ch'üan Zen übte, fragte er: «Die Menschen wissen nicht, wo sich das Mani-Juwel befindet, und doch sagte man mir, es werde tief unten im Tathāgatagarbha aufbewahrt. Was ist dieser Garbha?»

Nan-ch'üan: «Dasjenige, das mit dir geht.»

Yün-chi: «Wie ist es aber mit dem, das nicht mit mir geht?»

Nan-ch'üan: «Das ist ebenfalls der Garbha.»

Yün-chi: «Was ist dann das Mani-Juwel selbst?»

Nan-ch'üan rief aus: «O Bruder!»

Yün-chi antwortete sofort: «Ja, Ehrwürdiger Herr.»

Nan-ch'üan: «Pack dich, du verstehst nicht, was ich sage!»

Yün-chi fand gleichwohl dadurch seinen Weg zum Zen.

Was entnehmen wir aus all diesen Zitaten über das Zen-Leben? Welches sind die äußeren Ausdrucksformen oder Verhaltensweisen des Unbewussten?

Der berühmteste Ausspruch von Ma-tsu: «Dieser Geist ist der Buddha selbst», war in der Tat einer der Hauptgedanken, der von allen Zen-Meistern vor ihm vertreten wurde. Dem fügte er aber hinzu: «Unser alltägliches Bewußtsein ist das Tao.» Im Chinesischen wird das gleiche Schriftzeichen *hsin* für «Bewußtsein» wie auch für «Geist» gebraucht, und mit Bewußtsein oder Geist ist in diesem Fall unser Bewußtseinszustand unter gewöhnlichen Umständen, in unserem Alltagsleben, gemeint, wenn wir der Sonne gleichen, die über Gerechten und Ungerechten scheint, oder den Lilien auf dem Felde, die in aller Herrlichkeit blühen, auch wenn man sie nicht bewundert. Der Geist im «alltäglichen Bewußtsein» steht daher in keiner Beziehung zu unserer psychologischen Vorstellung von Geist oder Seele; er ist eher ein Geisteszustand, in dem es kein spezifisches Bewußtsein gibt.

Wenn Ma-tsu und andere Zen-Meister erklären: «Dieser Geist ist der Buddha selbst», so bedeutet es nicht, daß eine Art Seele in den Tiefen des Bewußtseins verborgen läge, sondern daß, psychologisch gesprochen, ein Zustand des Unbewußtseins, der jeden bewußten und unbewußten Akt des Geistes begleitet, die Buddhaschaft begründet.

Wenn man Ma-tsus Feststellungen unter diesem Gesichtspunkt betrachtet, versteht man die Kommentare von Ching-ts'en und Tai-chu besser. «Wenn ich schläfrig bin, schlafe ich; wenn ich sitzen möchte, sitze ich.» Oder: «Wenn mich hungert, esse ich, wenn ich müde bin, schlafe ich.» Oder: «Im Sommer suchen wir einen kühlen Platz auf, und wenn es kalt ist, sitzen wir an einem Feuer.» Sind das nicht unsere alltäglichen Verrichtungen, die auf natürliche Weise, instinktiv, mühelos und unbewußt erfolgen? Die hungrigen Mönche in Pai-chang und Kuei-shan benahmen sich ebenfalls auf höchst spontane Weise. Sie bringen in ihrem praktischen Leben zur Anschauung, was alle Zen-Meister sehen möchten. So war es bei Hsi-yün der Fall, der seinem Freund Huang-po Lebewohl sagte, indem er seinen Reisehut aus Bambus aufsetzte und kein einziges Mal zurückblickte. Er handelte wie jene hungrigen Mönche, die beim Vernehmen der Essensglocke alle ihre Geräte hinwarfen und dem Speisesaal zueilten. Genauso verhielt es sich mit Yün-chi, der mit «Ja» antwortete, als sein Meister Nan-ch'üan ihn rief. Der Gong wird geschlagen, und in der Luft klingt sein Dröhnen nach. Ist dies nicht unser «alltägliches Leben», oder, wie Ma-tsu und Nan-ch'üan es nennen würden, «alltägliches Bewußtsein»? Wir sind von früh bis spät mit irgend etwas emsig beschäftigt, und «für wen geschieht das alles»? Pai-chang sagt: «Da ist jemand, der es wünscht», aber wo ist dieser Jemand, dieser große

Meister, der all unsere Bewegungen zu lenken scheint, uns ewig in Atem haltend, der aber nicht die Tätigkeit des «Haushaltführens» kennt? Er scheint überall, aber an keinen Ort gebunden zu sein; er hat keine bleibende Stätte.

«Der Buddha-Leib erfüllt den Dharmadhātu und offenbart sich ohne Ausnahme vor allen Wesen. Er wirkt, er erreicht sein Ziel in der Wirkung auf die Umstände und verläßt dennoch nie diesen Sitz der Bodhi.» Dieses ist die Hauptlehre des Mahāyāna, wie sie in Indien verbreitet ist. Wenn dieser «Sitz der Bodhi» gefunden wird, kann auch der Ort des Meisters bestimmt werden, der keine bleibende Stätte hat und uns den Haushalt für ihn führen läßt. Solche Ausdrücke wie «den Haushalt führen», «sein alltägliches Leben führen», oder «seine alltäglichen Gedanken hegen», bringen das Zen in nahe Verbindung mit unserem Leben. Das UNBEWUSSTE scheint nicht allzu tief in unserem Alltagsbewußtsein verborgen zu sein.

Shan-hui (805–881), der dadurch Einsicht in das Wesen des Zen gewann, daß er durch den Bootsmann von Huating in den Fluß gestoßen wurde, hatte einen jungen Gefährten, der ihn zuweilen bediente. Als Shan-hui Abt eines Klosters wurde, schickte er den Mönch auf eine Zen-Pilgerfahrt durch das Land. Dieser suchte verschiedene Meister auf, was ihn aber nicht besonders befriedigte. Inzwischen hatte sich der Ruhm seines Meisters weit verbreitet. Er kam eilends zurück und fragte: «O Meister, wenn Ihr ein solcher Wundertäter seid, warum habt Ihr mich dann nicht unterwiesen, lange bevor ich auf die Pilgerfahrt geschickt wurde?» Der Meister sagte: «Als du hier bei mir warst, wolltest du Reis zubereiten, und ich zündete ein Feuer an; du decktest den Tisch, trugst den Reis auf, und ich holte meine Schale. Wann hätte ich je deinem Befehl zuwider gehandelt?» Es heißt, dieses habe den jungen Schüler erleuchtet.

Te-shan Hsüan-chien (780–865) war ein großer Kenner des *Diamant-Sūtra*, bevor ihm die Wahrheit des Zen aufging. Nachdem er die Meisterschaft erlangt hatte, war er dafür bekannt, daß er seine Schüler mit dem Stock schlug. Er wird oft zusammen mit Lin-chi (Rinzai) genannt, der jeden mit einem «Ho!» anschrie, der sich mit einer Frage an ihn wandte. Te-shans berühmter Ausspruch war: «Dreißig Schläge, wenn du ein Wort sagen kannst, dreißig Schläge, wenn du kein Wort sagen kannst!» «Ein Wort sagen» ist fast ein Fachausdruck im Zen und bedeutet alles, was jemand in Hinsicht auf die Kernfrage des Zen, sei es in Worten oder mit Gebärden, vorbringt. «Einen Schlag versetzen» bedeutet in diesem Fall, daß alle solche Demonstrationen überhaupt nichts nützen. Kurz und gut, nach Te-shan ist das Zen ein Weg absoluter Negationen, die zugleich absolute Bejahungen sind; solange man nicht eine gewisse Einsicht in diese Dialektik von Negation-Bejahung gewinnt, hat man kein Recht, etwas über Zen auszusagen.

Als eines Abends Te-shan diese Erklärung abgab, kam ein Mönch aus der Zuhörerschaft und wollte gerade Verbeugungen vor ihm machen, als der Meister ihn schlug. Der Mönch protestierte: «Weshalb schlagt Ihr mich, Meister, noch bevor ich eine Frage gestellt habe?» Der Meister fragte: «Woher kommst du?» «Ich komme von Kona.» «Noch bevor du an Bord eines Schiffes gingst, verdientest du dreißig Schläge», lautete sein Urteil.

Lung-ya fragte: «Wenn ich drohte, Euch mit dem schärfsten Schwert, das es in der Welt gibt, den Kopf abzuschlagen, was würdet Ihr da tun?»

Der Meister duckte sich.

Lung-ya sagte: «Euer Kopf ist abgeschlagen!»

Der Meister lächelte.

Später kam Lung-ya zu Tung-shan und erwähnte ihm gegenüber diesen Vorfall. Tung-shan fragte: «Was sagte Te-shan dazu?»

Lung-ya: «Er sagte nichts.»

Tung-shan: «Nicht möglich, daß er nichts gesagt hat. Zeige mir den Kopf, den du damals abgeschlagen hast.»

Lung-ya gestand seinen Irrtum ein und entschuldigte sich.

Diese Geschichte wurde wieder Te-shan von jemandem hinterbracht, und jener bemerkte dazu: «Der alte Tung-shan besitzt keine Urteilskraft. Jener Bursche [Lung-ya] war schon eine Weile tot. Was hat es für einen Zweck, ihn retten zu wollen?»

Ein Mönch fragte: «Was ist Bodhi (Erleuchtung)?»

Der Meister antwortete: «Streue deinen Dreck nicht hier umher!»

Ein Mönch fragte: «Wer ist der Buddha?»

Der Meister antwortete: «Er ist ein alter Bhikshu aus dem Westen.»

Eines Tages hielt Te-shan eine Rede, in welcher er sagte: «Wenn ihr fragt, begeht ihr einen Fehler; wenn ihr es nicht tut, erregt ihr Ärgernis.» Ein Mönch trat vor und begann Verbeugungen zu machen, worauf der Meister ihn schlug. Der Mönch sagte: «Eben erst habe ich mit meinen Verbeugungen begonnen; weshalb schlagt Ihr mich da?» «Wenn ich warten wollte, bis du den Mund auftust, wäre alles vorüber.»

Der Meister sandte seinen Diener aus, um I-ts'un [Hsüeh-feng] zu holen. Als dieser kam, sagte der Meister: «Ich habe gerade I-ts'un holen lassen. Was hat es für einen Zweck, daß *du* heraufkommst?» Ts'un gab keine Antwort.

Als Te-shan einen Mönch kommen sah, schloß er das Tor. Der Mönch kam heran und klopfte. Der Meister fragte: «Wer bist du?»

Der Mönch: «Ich bin ein Löwe.»

Der Meister öffnete das Tor, und der Mönch verneigte sich bis zur Erde. Als der Meister dies sah, setzte er sich rittlings auf dessen Nacken und sagte: «O Tier, warum treibst du dich noch hier herum [d. h. in einem Kloster]?»

Te-shan war krank, und ein Mönch fragt: «Gibt es jemanden, der nicht krank ist?»

«Ja, es gibt jemanden.»

«Wer ist dieser, der nicht krank ist?»

«O Vater!» rief der Meister aus.

Erhalten wir nicht auch hier Kunde von dem «alltäglichen Bewußtsein, das Tao ist»? Können wir hier nicht das Wirken des UNBEWUSSTEN verfolgen, das fast «instinktiv» den Erfordernissen der jeweiligen Lage entspricht?

Es sei noch ein anderer Ausspruch von Pen-hsien (941–1008) angeführt, welcher der Fa-yen-(Hōgen-) Schule des Zen angehört. Er sagte einmal: «Beim Praktizieren des Buddhismus ist es nicht notwendig, viel von jenen Zen-Gesprächen zu wissen, die vor uns stattgefunden haben, noch ist es notwendig, gewisse auffallende Stellen aus den Sūtras oder den Shāstras auszusuchen und sie als Ausdruck der höchsten Wahrheit zu betrachten. Diskussionen über solche Themen seien jenen überlassen, die auf Verstandesbildung aus sind. Bloße Klugheit ist nicht dazu geeignet, sich mit den Tatsachen von Geburt und Tod zu befassen. Habt ihr wirklich den Wunsch, in die Wahrheit des Zen einzudringen, so tut es, während ihr geht, während ihr steht, während ihr schlaft oder sitzt, während ihr sprecht oder schweigt, oder während ihr auf mancherlei Weise eurer täglichen Arbeit nachgeht. Wenn dies geschehen ist, seht zu, wessen Lehre ihr folgt und welche Sūtras ihr studiert.»

Bei einer anderen Gelegenheit sagte er folgendes: «Wir stehen frühmorgens auf, waschen uns die Hände und das Gesicht, spülen den Mund aus und trinken Tee. Wenn der Tee getrunken ist, machen wir Verbeugungen vor dem Buddha. Ist das Verbeugen beendet, so gehen wir zum Abt und zu den obersten Mönchen des Klosters und machen ihnen unsere Aufwartung. Wenn dieses beendet ist, gehen wir in den Speisesaal, wo wir Mehlsuppe an unsere Brüder austeilen. Wenn dieses beendet ist, setzen wir uns und nehmen unser Frühstück ein. Wenn dieses beendet ist, gehen wir in unsere Wohnräume und halten unseren Morgenschlaf. Wenn dieser beendet ist, stehen wir auf, waschen uns die Hände und das Gesicht und spülen den Mund aus. Wenn dieses beendet ist, schlürfen wir Tee und erledigen verschiedene Angelegenheiten. Wenn dieses beendet ist, kommt die Essenszeit und wir gehen in den Speisesaal, wo Gerichte aufgetischt sind, und nehmen unser Mittagsmahl ein. Wenn das Mahl beendet ist, wird abgewaschen und danach Tee gereicht. Wenn dieses beendet ist, werden verschiedene Angelegenheiten erledigt. Wenn dieses geschehen ist, ist es Abend geworden und die Abendandacht findet regelmäßig an mehreren Orten statt. Wenn dieses beendet ist, machen wir dem Abt unsere Aufwartung. Wenn dieses beendet ist, beginnt der erste Teil der Nacht, in welcher eine andere Andacht stattfindet. Wenn diese beendet ist, entbieten wir dem Mönchsviertel den Gutenachtgruß. Wenn dieses beendet ist, sprechen wir beim Abt vor, und dann machen wir unsere Verbeugungen vor dem Buddha, lesen die Sūtras, gehen rezitierend umher oder üben uns im Nembutsu *(nien-fo)*. Daneben gehen wir zuweilen in die Dörfer, in die Städte, auf die Märkte, oder wir besuchen Laien in ihren Häusern, und so weiter. Daher sind wir ständig in Bewegung. Wo bleibt da Raum für das, was ihr das Unbewegliche nennt, oder das, was ewig im Samādhi des Naga bleibt...?»

Damit nimmt Pen-hsien offensichtlich bezug auf seine Arbeitsroutine im Kloster. Während er die dynamische Seite des Zen im Gegensatz zu dem in manchen Teilen der buddhistischen Welt seiner Tage noch vorherrschenden Quietismus besonders betont, ist der Hauptgedanke, der seine Rede durchzieht, derjenige des «alltäglichen Bewußtseins», des «schlafen, wenn man müde, und essen, wenn man hungrig ist», Tee zu schlürfen, wenn er angeboten wird, mit «ja» zu antworten, wenn man gerufen wird; das heißt, dem UNBEWUSSTEN zu folgen.

Wenn das Zen in diesen täglich von uns allen ausgeführten Handlungen begriffen werden soll, und dem keine besondere Bedeutung beizumessen ist, daß sie bloßen Reflexbewegungen gleichen, ist das Zen-Leben dann als etwas zu betrachten, das sich nicht vom Triebleben oder einer Reihe von Impulsen unterscheidet? Ist der Zen-Meister der Ansicht, daß jene Geschöpfe, die sich um uns her bewegen, mehr Buddha-Natur besitzen als wir selbst, daß die zwitschernden Vögel oder die Katze, welche die Säule hinaufklettert, die Freundschaft des

Meisters eher verdienen als jene fragestellenden Mönche? Zen scheint geradezu die Tat zu verteidigen. In allen Religionen ist stets die Tendenz vorhanden, Passivität oder passive Tätigkeit als höchsten Ausdruck des religiösen Lebens zu betrachten. «Die Vögel unter dem Himmel», «die Lilien auf dem Felde» und «das Gras auf dem Felde» werden als Beispiele angeführt, denen zu folgen ist, wenn man den Willen Gottes verstehen will.

Von einem berühmten Theologen des Mittelalters ist folgender Ausspruch überliefert: «Was ich von der Theologie und der Heiligen Schrift weiß, lernte ich in Wald und Feld durch Gebet und Meditation. Ich hatte keine anderen Lehrmeister als die Buchen und Eichen.» Und ein anderer berühmter Geistlicher erklärt: «Höre auf einen erfahrenen Mann; du wirst in den Wäldern mehr lernen als aus Büchern. Bäume und Steine werden dich mehr lehren, als du aus dem Munde eines Magisters erfahren kannst.» Eine Art Naturalismus wird von fast allen Religionen empfohlen, sogar vom Christentum, das solchen Nachdruck auf das moralische Leben, als vom Triebleben unterschieden, legt. Kein Wunder, daß auch die Geschichte des Christentums von Ideen und Praktiken durchsetzt ist, die denen von Anhängern des Freien Geistes entsprechen. Vermöge seines starken ethischen Idealismus hat das Christentum den gelegentlichen Angriffen von Antinomismus und geistiger Zügellosigkeit widerstanden, doch die Tatsache bleibt bestehen, daß das Gefühl absoluter Abhängigkeit oder die restlose Hingabe des Willens und Denkens an Gott unvermeidlich zum Libertinismus der natürlichen Triebe führt, was gleichbedeutend ist mit der «Freiheit des Geistes». Solche Feststellungen finden sich in den meisten mystischen Büchern, die in der Hauptsache lehren, wie man den Intellekt überwinden und sich in den Abgrund des Unerkennbaren stürzen kann. Wenn Gott, auf den keine intellektuellen Kategorien wie Substanz, Beschaffenheit, Menge, Beziehung, Zustand, Raum, Zeit, Aktion und Leidenschaft anwendbar sind, Gott, der, namenlos und unnennbar, «ein immerwährendes Jetzt, der bodenlose Abgrund, die Dunkelheit des Schweigens, die öde Wildnis» ist – wenn dieser Gott dich in einer solchen Weise ergreift, daß du dich in Gott verlierst, in Gott versinkst, muß alles, was du bist und was du tust, als gänzlich unvermeidbar betrachtet werden.

Was aus der Dunkelheit des Schweigens, aus der Wildnis des UNBEWUSSTEN aufsteigt, gehört nicht zum Bereich des menschlichen Denkens und Überlegens. Daher sind die Mystiker die Lilien auf dem Felde wie auch das Gras auf dem Felde. Sie sind jenseits von Gut und Böse. Sie kennen keine moralische Verantwortung, die nur dort erwartet werden kann, wo ein Bewußtsein von Gut und Böse vorhanden ist. Wenn das religiöse Leben hierin besteht, wäre das eine Philosophie der Anarchie oder des Nihilismus. Die Schlußfolgerungen, die wir aus den Aussagen von Mystikern der beiden weit voneinander abweichenden Lehren des Christentums und des Buddhismus ziehen können, auf christlicher Seite zum Beispiel aus Eckhart, Sense, Tauler, Ruysbroek und anderen mehr sowie aus allen in diesem Buch angeführten Zen-Meistern, scheint in gleicher Weise auf diese nihilistische Zerstörung aller moralischen Maßstäbe hinzuweisen. Ist dies wirklich der Fall?

Das Transzendieren des Intellektualismus bedeutet nicht notwendigerweise moralische Anarchie, doch psychologisch führt das eine zum andern, da moralische Bedenken nur unter der Voraussetzung einer Vorherrschaft des Intellektes möglich sind. Wenn daher das eine verneint wird, kann das andere verkümmern. Ein gewisser christlicher Mystiker sagt: «Gott zu bejahen bedeutet tatsächlich, ihn zu verkleinern. Zu behaupten, Gott sei gut, gerecht und vernünftig, bedeutet, daß man ihn in einer erschaffenen Vorstellung einschließt, die nur auf erschaffene Dinge anwendbar ist.»

Ein anderer christlicher Mystiker, der von dem ersten als nicht orthodox bezeichnet wird, erklärt: «In meinem wesentlichen Sein bin ich von Natur Gott. Nicht ich bin es, der hofft, oder liebt, an Gott glaubt und ihm vertraut... Solange ein Mensch bestrebt ist, tugendhaft zu sein und Gottes überaus erhabenen Willen zu tun, ist er noch unvollkommen, da er darauf bedacht ist, etwas zu erwerben... (Der vollkommene Mensch) kann niemals an Tugenden glauben noch sich besondere Verdienste zuschreiben, noch Sünden begehen...» Der eine mag den anderen für sich ketzerisch und unmoralisch erklären, doch was ihre Dialektik angeht, sind beide konsequent und beziehen sich auf die gleichen Erfahrungstatsachen. Chao-chou (jap. Jōshū) sagt: «Ich höre nicht gern das Wort Buddha», oder: «Wenn ihr das Wort Buddha aussprecht, reinigt drei Jahre lang euren Mund», um den Schmutz loszuwerden, den ihr dabei ausatmet. Die Zen-Lehre enthält etwas von diesem anarchistischen Naturalismus.

In Bodhidharmas Aussprüchen, die in Tun-huang entdeckt wurden, finden wir folgendes: «Jene Buddhisten, die sich in der Lehre von der absoluten Buddhaschaft üben, sollten ihren Geist wie ein Stück Fels werden lassen, völlig unwissend sein, ohne Wahrnehmung (aller Dinge) bleiben, kein Unterscheidungsvermögen besitzen, sich allem gegenüber gleichgültig verhalten und einem Idioten gleichen. Weshalb? Weil der Dharma kein

Bewußtsein, keinen Verstand besitzt, weil er keine Furchtlosigkeit verleiht; er ist die endgültige Stätte der Ruhe. Es ist wie bei einem Menschen, der einen Mord begangen hat und enthauptet werden soll, den aber der König begnadigt hat, so daß er den Tod nicht mehr zu fürchten braucht. So ist es mit allen Wesen, sie verüben die zehn Missetaten und die fünf schweren Vergehen, für die sie bestimmt in die Hölle kommen. Doch der Dharma besitzt, einem Könige gleich, die unübertreffliche Macht, alle Sünden zu vergeben, um damit alle Schuldigen vor Strafe zu bewahren. Da ist ein Mann, der mit dem König befreundet ist. Zufällig hält er sich außerhalb seines Heimatlandes auf und ermordet Männer und Frauen. Er wird gefangengenommen und steht kurz vor der Bestrafung seiner Missetaten. Er weiß nicht, was er tun soll, und ist völlig hilflos. Da erblickt er unvermutet seinen König und wird dadurch befreit. Selbst wenn ein Mensch die Gesetze übertritt, indem er Morde, Ehebruch und Diebstähle begeht, und der Gedanke an die Hölle ihn in Schrecken versetzt, wird er zur Gegenwart seines inwendigen Dharma-Königs erweckt und dadurch seine Freiheit erlangen.»

Das kommt fast der Lehre der Anhänger des Freien Geistes gleich. Der Dharma-König entspräche hier ihrem Gott. Ein Zitat aus einem anderen Tun-huang-Dokument der Zen-Schule lautet:

Frage: «Ich fürchte mich vor der Hölle, möchte (alle meine Sünden) beichten und mich im Tao üben.»

Antwort: «Wo befindet sich dieses ‹Ich›? Wie sieht es aus?»

Frage: «Ich weiß nicht, wo es sich befindet!»

Antwort: «Wenn du nicht weißt, wo dein ‹Ich› sich befindet, wer kommt dann in die Hölle? Wenn du nicht weißt, wie es aussieht, ist dies nicht mehr als ein der Vorstellung nach illusionäres Dasein. Gerade wegen dieser Illusion gibt es für dich die Hölle.»

Frage: «Wenn das Tao selbst eine Illusion ist, wie ist diese Illusion dann beschaffen?»

Antwort: «Der Dharma hat keine Größe, keine Gestalt, keine Höhe. Hier ist ein Beispiel: Im Hof, der zu deinem Hause gehört, liegt ein großer Stein. Du sitzest auf ihm, schläfst auf ihm und empfindest keinerlei Furcht. Eines Tages kommt dir plötzlich der Gedanke, ein Bild darauf malen zu lassen. Du beauftragst einen Künstler, die Gestalt des Buddha darauf zu malen, und du hältst sie für den Buddha. Du wagst nicht mehr, auf dem Stein zu schlafen, aus Furcht, dadurch das Bild zu entweihen, das ursprünglich nichts anderes als ein großes Stück Fels war. Daß du nicht mehr darauf schläfst, ist einer Veränderung in deinem Geist zuzuschreiben. Und was ist dieser sogenannte Geist im Grunde? Er ist nur dein eigener, durch deine Einbildungskraft vergrößerter Pinsel, der den Stein in die Buddha-Gestalt verwandelt hat. Das Gefühl der Furcht ist deine eigene Schöpfung; der Stein selbst ist in Wirklichkeit weder wertlos noch wertvoll. Alles ist geistgeschaffen. Es ist, als male der Mensch einen Teufel, einen Bewohner der Hölle, einen Drachen oder einen Tiger. Er malt sie, schaut sie an und fürchtet sich. In der gemalten Gestalt selbst ist jedoch ganz und gar nichts Furchterregendes. Alles ist das Bildwerk deiner eigenen Einbildungskraft, deines eigenen Unterscheidungsvermögens. Von allem Anfang an existiert nichts, als was du aus deinem eigenen illusorischen Geiste erschaffen hast.»

Wenn das ‹Ich› eine Illusion ist, muß alles, was im Namen dieser wirkenden Kraft geschieht, ebenfalls eine

Illusion sein, einschließlich moralischer Sünden, verschiedener Arten von Gefühlen und Wünschen sowie der Hölle und der Gefilde der Seligen. Mit der Beseitigung dieser Illusion wird die Welt mit all ihrer Vielfalt verschwinden, und falls irgend etwas zurückbleibt, das handlungsfähig ist, wird es in völliger Freiheit handeln, mit Furchtlosigkeit, wie der Dharma-König selbst, in der Tat als das Eine. Zugleich hört aber eine moralische Welt auf zu existieren. Wie läßt sich da noch Zügellosigkeit von Heiligkeit unterscheiden? Oder gibt es in einer illusionslosen Welt keine Zügellosigkeit, Kriminalität oder Unmoral mehr?

Ob wir nun die Lehre von der Vereinigung oder jene von der Illusion zum Ausgangspunkt nehmen, in beiden Fällen scheinen die Mystiker, die buddhistischen wie die christlichen, zu dem auf Erfahrung beruhenden Schluß einer moralischen Unverantwortlichkeit zu gelangen, was auch immer man darunter verstehen möge. Solange es keine moralischen Überlegungen gibt, arbeitet die mystische Psychologie nach dem gleichen Muster.

In der Lehre von den Illusionen erzeugen Einbildungskraft und Unterscheidungsvermögen alle Arten von Übel und daher von Elend. Da der Dharma keine moralischen, psychologischen und erkenntnistheoretischen Unterscheidungen kennt, was soviel wie das Unbewusste bedeutet, müssen diejenigen, die es suchen, Unterscheidung in allen ihren Formen transzendieren und Einsicht in das Wirken der Prajñā selbst gewinnen. Wenn dieses geschah, wurde Mushin erkannt, und in all unserem Tun ist kein «Bewußtsein» mehr vorhanden, was den sogenannten Zustand der «Nicht-Bewußtheit» darstellt und ein Leben der Mühelosigkeit bedeutet, in dem das Unbewusste freien Spielraum erhält.

Das UNBEWUSSTE kann für seine Taten nicht verantwortlich gemacht werden. Sie sind jenseits der moralischen Beurteilung, denn es findet keine Überlegung oder Unterscheidung statt. Die Wertbestimmung von Gut und Böse setzt eine Unterscheidung voraus, und wo diese fehlt, ist keine solche Wertbestimmung anwendbar. Wenn sie überhaupt anwendbar ist, dann für jene, die zu unterscheiden pflegen. Jene aber, die im Dharma leben, haben teil an der Wesensart des Dharma, oder vielmehr, sind ein Teil des Dharma selbst. Sie sind der Freie Geist, leben einzig und allein Gott zuliebe, können nicht mit den Maßstäben gemessen werden, die für endliche Dinge gelten und sind im wahrsten Sinne des Wortes schuldlos.

In einem der Tun-huang Zen-Manuskripte, die in meinem *Shao-shih I-shu*[17] gesammelt sind, findet sich der folgende Dialog:

«Wenn das Tao (= der Dharma) allgemein in allen Dingen vorherrscht, warum ist es dann ein Verbrechen, menschliches Leben zu vernichten, und kein Verbrechen, pflanzliches Leben zu vernichten?» Der Meister antwortet: «Über das Verbrecherische einer Tat zu reden, ist Sache der menschlichen Einbildungskraft und betrifft deren Folgen in einer Welt der Ereignisse, und das ist keineswegs die richtige Betrachtungsweise. Gerade weil ein Mensch noch nicht zur letzten Einsicht gelangt ist, behauptet er, einen Mord begangen zu haben. So hat er ein ‹Bewußtsein›, das mit Karma belastet ist, und es heißt deshalb von ihm, er sei eines Verbrechens schuldig. Im Fall des pflanzlichen Lebens besitzt dieses keine Einbildungskraft und daher Ich-Bewußtsein, und derjenige, der es zerstört, wird davon nicht berührt; er beschwört kein Gespenst seiner Einbildungskraft. Die Folge ist, daß hier nicht an etwas Verbrecherisches gedacht wird.

Derjenige, der frei von der Idee eines Ich ist, betrachtet (die Welt der Gestaltungen), als sei sie das Gras auf dem Felde, und er verhält sich ihr gegenüber, als schneide er das Gras. Mañjusrī bedrohte Gautama mit dem Schwert, und Angulimala richtete seine Waffe gegen den Körper des Shākyamuni! Sie gehören aber alle zur Gruppe jener Wesen, deren Geist in völliger Übereinstimmung mit dem Tao und eins in der Erkenntnis der Wahrheit der Nicht-Geburt ist. Sie alle wissen, daß alle Dinge so leer wie die Schöpfung der Māyā sind. Deshalb wird hier die Idee des Verbrecherischen nicht erwähnt...

Es gleicht einem Feuer auf dem Felde, das alle Vegetation verbrennt, einem Sturm, der alle Bäume entwurzelt, dem Erdrutsch, der am Berge niedergeht, einer Überschwemmung, bei der die Tiere ertrinken; wenn euer Geist damit in Übereinstimmung gebracht ist, wird alles vor euch hinweggeschwemmt werden. Wenn andererseits euer ‹Geist› euch veranlaßt, zu zögern, zu überlegen und beunruhigt zu sein, wird selbst die Vernichtung einer Mücke die Knoten eures Karma fester knüpfen...

Es gleicht der Biene, die an der Blüte saugt, dem Sperling, der Körner aufpickt, dem Vieh, das Bohnen frißt, dem Pferde, das auf dem Felde grast; wenn euer Geist frei ist von dem Gedanken an persönliches Eigentum, wird es euch in allem wohlergehen. Sowie aber im Geiste der Gedanke an ‹mein› und ‹dein› aufsteigt, werdet ihr die Sklaven eures Karma sein...»

Dieser Auffassung nach seid ihr, wenn euer Geist mit der Natur zusammen tätig ist und nicht länger durch die dualistischen Vorstellungen von Gut und Böse, gerecht und ungerecht, Wert und Unwert, Himmel und Hölle beunruhigt wird, sondern so unvermeidlich wirkt wie Feuer brennt und Wasser durchnäßt, nicht verantwortlich für eure Taten, welcher Art sie auch seien, und deshalb haben sie kein Karma zur Folge. Ihr verhaltet euch wie der Wind, und wer beschuldigt den Wind, wenn er Verwüstung auf seinem Weg hinterläßt? «Der Wind weht, wo er will, und du hörst sein Sausen wohl; aber du weißt nicht, woher er kommt und wohin er fährt (Joh. 3,8).» Wenn ihr so seid, vermag kein Karma euch an irgendeine Verpflichtung oder Verantwortung zu binden, obgleich das natürlich nicht bedeutet, daß ihr den Gesetzen der Kausalität entrinnen könnt, die unsere empirische Welt ordnen. Diese Gesetze mögen künstlich und Menschenwerk sein, da sie die Folge moralischer Überlegungen sind, aber sie sind trotzdem wirksam.

Während euer eigener Geist von unterscheidenden Gedanken und Gefühlen frei ist, wird der Geist anderer, der weniger frei ist als der eure und der Einbildungen unterworfen blieb, zweifellos unter dem Deckmantel moralischer Gesetze versuchen, auf euer Leben Einfluß zu gewinnen. Doch diese Gesetze gleichen ebenfalls dem Winde oder dem Schweigen «des Schwertes, das die Frühlingsbrise wie ein Blitzstrahl durchschneidet.» Wir werden an Emersons «Brahma» erinnert, dessen ersten Vers ich zitiere:

Denkt der rote Totschläger, er erschlage,
oder der Erschlagene, er sei erschlagen,
so wissen sie wenig von den subtilen Wegen,
die ich verfolge und auf denen ich vorbeigehe und
wiederkehre.

Emerson könnte das Gedicht in seinem Studierzimmer verfaßt haben, während er den östlichen Gedankengängen folgte und in seinem Gemüt etwas spürte, das ein Echo auf den Osten war. Doch der folgende Vers ist der eines sterbenden japanischen Kriegers, der ihn unter einem Schwerthagel sprach:

> Beide, der Totschläger
> und der Erschlagene,
> gleichen einem Tautropfen und einem Blitzstrahl;
> als solche sind sie zu betrachten.

Die beiden letzten Zeilen stammen aus dem *Diamant-Sūtra*, das jener Krieger zweifellos gut kannte.

Bei Shen-hui finden wir folgendes: «Jener, dem die Erfahrung des GEISTES endgültig zuteil wurde, behält sein Nicht-Gedanken-Haben *(wu-nien)* zurück, selbst wenn sein Leib in einem Handgemenge zwischen zwei heftig kämpfenden Heeren zerstückelt wird. Er ist hart wie ein Diamant, er ist standhaft und unerschütterlich. Selbst wenn alle Buddhas, so zahlreich wie der Sand der Gangā, erscheinen, würde es nicht das geringste Gefühl der Freude in ihm erregen. Selbst wenn Wesen, so zahlreich wie der Sand der Gangā, plötzlich verschwänden, würde es nicht das geringste Gefühl des Mitleids in ihm erregen. Er verweilt im Gedanken der Leerheit und absoluten Gleichförmigkeit.»

Das mag furchtbar unmenschlich klingen. Denken wir aber an einen großen modernen Krieg, in dem Hunderttausende von Menschenleben frevelhaft vernichtet werden; mit diesem unbarmherzigen Blutbad vor Augen, zögern wir keinen Augenblick, einen anderen großen Krieg zu planen, der ihm auf dem Fuße folgt. Gott kümmert sich anscheinend nicht um diese geringfügigen menschlichen Angelegenheiten; Gott scheint eine unendlich größere Vorstellung von den Dingen zu haben, als die schwache menschliche Einbildungskraft sie sich ausmalen kann. Von Shen-huis Standpunkt aus enthält ein Senfkorn in sich Welten, die so zahlreich wie der Sand der Gangā sind, während Mengen und Größen und sonst alles, was auf intellektueller Unterscheidung beruht, seinem Unbewußten nichts bedeuten.

Das *Diamant-Sūtra* berichtet von einem früheren Leben des Buddha, in dem sein Leib von einem despotischen König furchtbar verstümmelt wurde: Subhūti, von der Pāramitā der Demut (Geduld) sagt der Tathāgata sie sei die Nicht-Pāramitā der Demut, und deshalb sei sie die Pāramitā der Demut. Weshalb? Subhūti, vor Zeiten, als mein Leib vom König von Kalinga zerstückelt wurde, hatte ich weder die Vorstellung von einem Ich noch von einer Person noch einem Sein, noch von einer Seele. Weshalb nicht? Wenn ich zu der Zeit als mein Leib, Glied um Glied, Knochen für Knochen, zerstückelt wurde, die Vorstellung entweder von einem ich oder von einer Person oder von einem Sein, oder von einer Seele gehabt hätte, wäre das Gefühl des Zornes und des Übelwollens in mir geweckt worden.»

Was ist Mushin (*wu-hsin* im Chinesischen)? Was bedeutet «Nicht-Bewußtheit» oder «nicht-Gedanken-haben»? Es ist schwer, in einer Fremdsprache einen entsprechenden Ausdruck zu finden, ausgenommen das Unbewusste, obgleich auch dieser Begriff in einer genau umgrenzten Bedeutung verwendet werden muß. Es ist nicht das Unbewußte in seiner üblichen psychologischen Bedeutung noch in derjenigen, welche die Psychoanalytiker ihm geben, die es für viel tiefgründiger als eine bloße Abwesenheit des Bewußtseins halten.

Mushin oder Munen ist ursprünglich von *muga* (chin. *wu-wo*, Skrt. *anātman*), «Nicht-Ich» oder «Selbstlosigkeit», dem Hauptbegriff des Buddhismus, sowohl des Hīnayāna als auch des Mahāyāna, abgeleitet. Für den Buddha war dies kein philosophischer Begriff, sondern seine unmittelbare Erfahrung, und welche Theorie sich auch um sie herum entwickelte, stellte diese doch nur ein späteres intellektuelles Gerüst dar, das die Erfahrung stützen sollte. Als die Intellektualisierung weiter fortschritt und sich vertiefte, nahm die Lehre vom Anātman einen metaphysischeren Aspekt an, und es entwickelte sich die Lehre von der Shūnyatā. Soweit es die Erfahrung selbst betraf, blieb sie die gleiche, nur ist die Lehre von der Shūnyatā auf ein umfassenderes Gebiet anwendbar, und als Philosophie dringt sie tiefer zum Ursprung der Erfahrung vor. Denn der Begriff der Shūnyatā wird jetzt nicht nur auf die Erfahrung der Ichlosigkeit angewandt, sondern auch auf diejenige der Gestaltlosigkeit im allgemeinen. Alle *Prajñāpāramitā-Sūtras* verneinen entschieden die Vorstellung von einer Person, einem Sein, einem Schöpfer, seiner Substanz usw. Anātman und Shūnyatā sind Begriffe der gleichen Lehre. Mit Shūnyatā entsteht Prajñā, die zu einem der hauptsächlichsten Themen der Sūtras wird. In Hui-nengs *T'an-ching* wird beständig auf die Buddha-Natur und die Selbst-Natur bezug genommen. Sie bedeuten das gleiche und sind ursprünglich ihrem Wesen nach rein, leer, *shūnya*, nicht geteilt und unbewußt. Dieses reine, unbekannte UNBEWUSSTE regt sich, und Prajñā wird erweckt; und mit der Erweckung der Prajñā entsteht eine Welt der Dualismen. All dieses Entstehen erfolgt aber nicht nacheinander, ist kein Geschehen in der

Zeit, und alle diese Vorstellungen – Selbst-Natur, Prajñā, die Welt der Dualismen und der Vielfalt – sind nur ebensoviele Beziehungspunkte, die unser intellektuelles Verständnis erleichtern und klären sollen. Selbst-Natur hat deshalb keine ihr entsprechende Realität in Raum und Zeit; letztere gehen vielmehr aus der Selbst-Natur hervor.

Etwas anderes muß ich noch deutlicher erklären: Prajñā ist der Name, welcher nach Hui-neng der Selbst-Natur oder dem Unbewussten gegeben wird, wenn sie sich ihrer selbst bewußt wird, oder vielmehr dem Akt der Bewußtwerdung selbst. Prajñā weist daher in zwei Richtungen, nach dem Unbewussten und nach einer entfalteten Welt des Bewußtseins. Das eine wird die Prajñā der Nicht-Unterscheidung, das andere die Prajñā der Unterscheidung genannt. Wenn wir so stark davon in Anspruch genommen sind, unser Bewußtsein und Unterscheidungsvermögen nach außen zu richten und darüber die andere Richtung der Prajñā vergessen, die nach dem Unbewussten weist, besitzen wir, was mit einem Fachausdruck als Prapañcha, Einbildungskraft, bezeichnet wird. Wir können dies auch umkehren: Wenn die Einbildungskraft spielt, bleibt Prajñā verborgen, das Unterscheidungsvermögen *(vikalpa)* folgt der eigenen Neigung, und die klare, ungetrübte Oberfläche des Unbewussten oder der Selbst-Natur ist jetzt verdunkelt. Die Verfechter des Munen oder Mushin möchten, daß wir Prajñā davon abhalten, sich in der Richtung der Unterscheidung zu zersplittern, und daß wir unverwandt in die andere Richtung blicken. Mushin zu erlangen bedeutet, daß man die Prajñā der Nicht-Unterscheidung zurückgewinnt. Wenn wir diesen Begriff noch etwas eingehender betrachten, werden wir seine Bedeutung für das Zen noch besser begreifen.

BEWUSSTSEIN UND
NICHT-BEWUSSTSEIN

Das Wichtigste in der Philosophie Hui-nengs ist der Begriff der Selbst-Natur. Doch die Selbst-Natur, das sei dem Leser zur Warnung gesagt, darf man sich nicht als etwas Substantielles vorstellen. Sie ist nicht der letzte Rest, der zurückblieb, nachdem alles Relative und Bedingte aus der Vorstellung von einem individuellen Wesen ausgeschieden wurde. Sie ist nicht das Ich oder die Seele oder der Geist im üblichen Sinn. Sie gehört zu keinerlei Kategorien des Verstandes. Sie gehört nicht dieser Welt der Relativitäten an noch ist sie die höchste Relativität, die gewöhnlich Gott, Atman oder Brahman zugeschrieben wird. Sie kann auf keinerlei Weise beschrieben oder definiert werden, doch ohne sie würde sogar die Welt, die wir täglich vor Augen haben und benutzen, zusammenbrechen. Zu behaupten, es gebe diese Realität, bedeutet schon ihre Verneinung. Sie ist etwas Seltsames, aber wenn ich fortfahre, wird klarer werden, was ich meine.

In der traditionellen Terminologie des Buddhismus ist Selbst-Natur die Buddha-Natur, dasjenige, das die Buddha-Natur ausmacht; sie ist absolute Leere, Shūnyatā, und absolutes So-Sein, Tathatā. Könnte sie Reines Sein genannt werden mit dem in der westlichen Philosophie verwendeten Ausdruck? Obgleich sie nichts mit einer dualistischen Welt von Subjekt und Objekt zu tun hat, will ich sie der Einfachheit halber GEIST und auch das UNBEWUSSTE nennen. Da die buddhistische Terminologie voll von psychologischen Ausdrücken ist, und da Religion in erster Linie mit der Lebensphilosophie zu tun hat, werden hier die Ausdrücke GEIST und das UNBEWUSSTE als synonym mit Selbst-Natur verwendet. Es ist aber sehr sorgfältig darauf zu achten, sie nicht mit jenen der empirischen Psychologie zu verwechseln – wir sprechen hier von einer transzendenten Welt, in der noch keine solchen Schatten zu entdecken sind.

In dieser Selbst-Natur findet eine Bewegung, ein Erwachen statt, wodurch das UNBEWUSSTE sich seiner selbst bewußt wird. In dieser Region kann die Frage «Weshalb» oder «Wie» nicht gestellt werden. Die Erweckung oder Bewegung, oder wie sonst man es nennen mag, muß als Tatsache jenseits aller Überlegung hingenommen werden. Die Glocke ertönt, und ich höre ihre Schwingungen, welche durch die Luft weitergeleitet werden. Das ist eine klare Tatsache der Wahrnehmung. In gleicher Weise ist das Erwachen des Bewußtseins im UNBEWUSSTEN eine Erfahrungstatsache. Daran ist nichts Geheimnisvolles, doch vom Standpunkt der Logik aus ist ein offensichtlicher Widerspruch vorhanden, der, einmal entstanden, als Widerspruch ewig fortbesteht. Was auch immer es sein mag, wir haben jetzt ein seiner selbst bewußtes UNBEWUSSTES oder einen sich selbst widerspiegelnden GEIST. So verwandelt, wird die Selbst-Natur Prajñā genannt.

Prajñā, das Erwachen des Bewußtseins im UNBEWUSSTEN, wirkt nach zwei Richtungen, in der einen auf das UNBEWUSSTE, in der anderen auf das Bewußte hin. Die auf das UNBEWUSSTE gerichtete Prajñā ist Prajñā im eigentlichen Sinn, während die Prajñā des Bewußtseins jetzt Geist genannt wird. Aus diesem Geist geht eine dualistische Welt hervor: Subjekt und Objekt, das inwendige Ich und die Außenwelt, und so fort. Im GEIST sind daher ebenfalls zwei Aspekte erkennbar: Prajñā-Geist der Nicht-Unterscheidung und dualistischer Geist. Der Geist des ersten Aspektes gehört dieser Welt an, doch solange er mit der Prajñā verbunden ist, steht er in direkter Verbindung mit dem UNBEWUSSTEN, ist er GEIST, während der Geist des zweiten Aspektes völlig dieser Welt angehört, sich an ihr freut und sich mit ihrer Vielfalt vermischt.

Der Geist des zweiten Aspektes wird von Hui-neng «Gedanke», *nien* (jap. *nen*) genannt. Hier ist Geist Gedanke und Gedanke Geist; *nien* ist *hsin (shin)* und *hsin* ist *nien*. Vom relativen Standpunkt aus könnte der Geist des ersten Aspektes als «Nicht-Bewußtsein» bezeichnet werden, im Gegensatz zum Geist des zweiten Aspektes. Da letzterer dieser Seite unserer gewöhnlichen Erfahrung angehört, ist ersterer ein transzendenter und in Worten der Zen-Philosophie «dasjenige, das nicht Geist ist», also «Nicht-Bewußtsein» oder «Nicht-Gedanke».

Um es zu wiederholen: Prajñā ist ein zweischneidiges Schwert, dessen eine Seite das UNBEWUSSTE und dessen andere das Bewußte durchschneidet. Die erste Seite wird auch GEIST genannt, was dem «Nicht-Bewußtsein» entspricht. Das «Nicht-Bewußtsein» ist die unbewußte Phase des Geistes, der die bewußte Seite der Prajñā darstellt. Das untenstehende Diagramm wird dazu beitragen, dieses Schema des UNBEWUSSTEN zu klären:

In diesem Diagramm gehören das UNBEWUSSTE A, B und C der gleichen transzendenten Ordnung an und sind wesensmäßig von gleicher Natur, während das Unbewußte D dem empirischen Geiste angehört, welcher Gegenstand der Psychologie ist.

Man lese zusammen mit der obigen Interpretation von Hui-nengs Gedanken und mit Hilfe der schematischen Analyse die folgenden Definitionen von Munen, «Nicht-Gedanke» oder «Nicht-Bewußtsein», die dem *T'an-ching* entnommen sind. Ich hoffe, daß Hui-neng, und mit ihm der Rest der oben in verschiedenen Zusammenhängen angeführten Zen-Meister, dann besser verstanden wird.

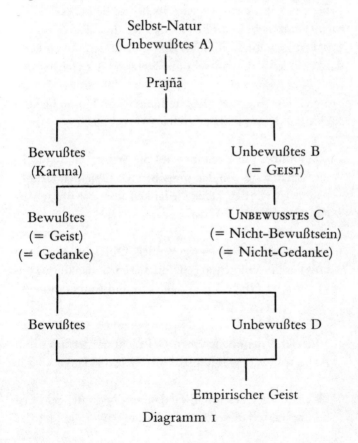

Selbst-Natur
(Unbewußtes A)

Prajñā

Bewußtes   Unbewußtes B
(Karuna)   (= GEIST)

Bewußtes   UNBEWUSSTES C
(= Geist)   (= Nicht-Bewußtsein)
(= Gedanke)   (= Nicht-Gedanke)

Bewußtes   Unbewußtes D

Empirischer Geist

Diagramm 1

Hui-neng definiert Munen wie folgt: «Gedanken zu hegen, als hegte man sie nicht» (oder wäre es besser, zu übersetzen: «Gedanken zu hegen und sie dennoch nicht zu hegen»?). Dies bedeutet offensichtlich, sich des UNBE-WUSSTEN bewußt zu sein oder «das UNBEWUSSTE im Bewußtsein zu finden», beides auf Stufe C oberhalb der empirischen Ebene. Einige Zeilen weiter unten versteht Hui-neng unter Munen folgendes: «Wenn er alle ihn um-gebenden Objekte anschaut, bleibt der Geist unbefleckt», das heißt, keine Gedanken steigen in ihm auf. Mit «um-gebenden Objekten» ist eine Welt des Bewußtseins ge-meint, und nicht in ihr befleckt zu werden, deutet auf das UNBEWUSSTE hin, auf einen Zustand, in dem keine «Ge-danken», kein Bewußtsein die Tätigkeit des Geistes stö-ren. Hier erkennen wir wieder das UNBEWUSSTE von Stufe C. Die folgenden Feststellungen von Hui-neng sind auch ohne Kommentar durchaus verständlich:

«Wenn man die Gedanken auf die Selbst(-Natur) rich-tet, werden sie von den umgebenden Objekten fernge-halten; es werden keine Gedanken über die umgeben-den Objekte wachgerufen.»

«Gedanken auf die umgebenden Objekte zu richten und falsche Vorstellungen von diesen Gedanken zu he-gen, ist der Ursprung von Sorgen und Einbildungen.»

«Was bedeutet Munen, Nicht-Gedanke? Alle Dinge zu sehen und dennoch seinen Geist vor Befleckung und Anhaften zu bewahren, das ist Nicht-Gedanke.»

«Wer die Idee des Nicht-Gedankens begreift, geht un-berührt durch diese Welt der Vielheit. Wer die Idee des

Nicht-Gedankens begreift, scheut die Stätte aller Buddhas; wer die Idee des Nicht-Gedankens begreift, erreicht die Stufe der Buddhaschaft.»

Was Hui-neng mit der Idee des Munen ausdrücken möchte, kann unter Zuhilfenahme von Diagramm I aus diesen Zitaten geschlossen werden. Beachtenswert hinsichtlich des Diagramms ist aber, daß die allmähliche Entwicklung des UNBEWUSSTEN, gleichsam bis hinab zum empirischen Bewußtsein, nichts mit irgendeiner Art von Rangordnung zu tun hat. Wenn es analysiert und in der obigen Form dargestellt wird, könnte man meinen, es gäbe im UNBEWUSSTEN Stufen in dem Sinne, daß sie verschieden geartet sind und auf den tieferen nichts von den höheren vorhanden ist. Das ist nicht der Fall, denn alles UNBEWUSSTE ist miteinander verschmolzen. Wurde das eine vollkommen begriffen, so wird alles übrige auch begriffen. Zugleich können wir aber sagen, daß das Unbewußte gleichsam gereinigt wird, indem wir vom Unbewußten im empirischen Geist emporsteigen, und daß wir uns, bevor wir zur unbewußten Prajñā gelangen, völlig von aller Befleckung durch das Bewußtsein reinigen müssen, die dem empirischen Unbewußten anhaftet. Das ist jedoch ein praktischer Gesichtspunkt der Zen-Übung; theoretisch sind sich alle Arten des UNBEWUSSTEN gleich.

Auf die Bedeutung der Erweckung von Prajñā innerhalb des Systems von Hui-neng habe ich schon wiederholt hingewiesen. Um aber Mißverständnisse zu vermeiden, seien hier noch mehr Zitate angeführt:

«Wenn man echte Prajñā erweckt und deren Licht (auf die Selbst-Natur) zurückstrahlt, verschwinden sofort

alle verkehrten Gedanken. Wenn die Selbst-Natur erkannt wird, hebt einen dieses Begreifen sofort auf die
Buddha-Stufe.»

«Wenn Prajñā mit ihrem Licht (im Innern) zurückstrahlt
und, beide durchdringend, das Innere und Äußere erleuchtet, werdet ihr euren eigenen GEIST erkennen.
Wenn ihr euren eigenen GEIST erkanntet, bedeutet das
für euch Befreiung. Wenn ihr frei wurdet, bedeutet dies,
daß ihr im Samādhi der Prajñā seid, und das ist Munen.»

«Wenn es verwendet wird, durchdringt es alles und
haftet doch an nichts. Bewahrt euch nur die Reinheit
eures ursprünglichen GEISTES und laßt die sechs Sinne
aus den sechs Pforten in die sechs Staub(-Welten) hinaus-
rennen. Frei von Makel, frei von Verwirrung, ist (der
Geist) in seinem Kommen und Gehen Herr seiner selbst
und kennt keine Unterbrechung seiner Tätigkeit. Dies
ist der Samādhi der Prajñā, eine meisterhafte Befreiung
und als Tat des Nicht-Gedanken-Habens bekannt.»

Der sogenannte Samādhi der Prajñā ist das UNBEWUSSTE
selbst. Wenn Prajñā völlig auf die Selbst-Natur gerichtet ist
und ihre andere Richtung unbeachtet bleibt, befreit sie sich,
wenn man so sagen darf, von der eigenen widerspruchs-
vollen Natur und ist sie selbst. Das ist ein dialektischer
Widerspruch, der unseren Erfahrungen eigen ist, und davor gibt es kein Entrinnen. Tatsächlich sind alle unsere
Erfahrungen, die gleichbedeutend mit unserem Leben
sind, nur infolge dieses äußersten Widerspruches möglich.
Ihm entrinnen zu wollen, ist Zeichen eines verwirrten
Geistes. Deshalb sagt Hui-neng:
«Was nun dieses betrifft, daß ihr euren Geist auf nichts

richtet, so ist es ein Auslöschen von Gedanken, was soviel bedeutet wie im Dharma festgehalten zu werden, und das ist bekanntlich eine abwegige Ansicht.»

Dieses Zitat mag nicht ganz verständlich sein, da es historisch bedingt ist. Zu Hui-nengs Zeiten, und in der Tat vor und sogar nach ihm, gab es einige Leute, die versuchten, diesem dem Leben selber innewohnenden wesentlichen Widerspruch dadurch zu entrinnen, daß sie jede Denktätigkeit vernichteten, so daß ein Zustand absoluter Leerheit, des äußersten Nichts, herrschte, eine Negation, die als vollkommen betrachtet wurde. Solche Menschen töten das Leben selbst, wobei sie sich der Täuschung hingeben, sie gewännen es in seiner wahren Gestalt. Sie binden sich durch falsche Vorstellungen, indem sie annehmen, der Dharma bedeute Vernichtung. Tatsächlich ist eine Vernichtung in keiner Weise möglich; was man dafür hält, ist einfach eine andere Art, sich zu behaupten. Wie heftig und laut man auch dagegen protestieren möge, keine einzige Garnele kann aus dem geschlossenen Korb entweichen.

Hui-nengs Vorstellung vom Munen, die den zentralen Gedanken der Zen-Lehre bildet, findet ihre natürliche Fortsetzung in den *Aussprüchen von Shen-hui* und wird dort eingehender erklärt, wie schon vorher gezeigt wurde. Wir wollen jetzt Te-shan und Huang-po zitieren. Eine der Reden von Te-shan lautet wie folgt:

«Wenn ihr keine Unruhe in euch selbst verspürt, sucht nicht irgend etwas außerhalb eurer zu finden. Selbst wenn ihr das Gesuchte fändet, hättet ihr keinen wirklichen Gewinn davon. Seht zu, daß nichts euren Geist beunruhigt, und seid euch eurer eigenen Angelegenheiten ‹unbewußt›. Dann wird Leere herrschen, die geheimnisvoll wirksam ist, Leere, die Wunder wirkt. Wenn ihr damit beginnt, über den Anfang und das Ende dieses (Mysteriums) zu reden, täuscht ihr euch selbst. Hegt nur das Jota eines Gedankens, und es wird Karma bewirken, das euch auf böse Wege führen wird. Erlaubt der Einbildung nur ein kurzes Aufblitzen in eurem Geist, und ihr werdet euch für die Dauer von zehntausend Kalpas in Knechtschaft begeben. Solche Wörter wie Heiligkeit und Unwissenheit sind nichts anderes als bloße Benennungen; vollkommene Formen und minderwertige Gestalten sind beides nur Illusionen. Wie könnt ihr Verwicklungen vermeiden, wenn ihr nach ihnen verlangt? Versucht ihr aber, sie zu meiden, wird es ebenfalls großes Unglück über euch bringen. In beiden Fällen endet alles in völliger Nichtigkeit.»

Am Anfang des zitierten Werkes erwähnt Huang-po Hsi-yün den GEIST, welcher der Buddha ist, und außerhalb dessen keine Erleuchtung erlangt werden kann. Der GEIST bedeutet soviel wie «Nicht-Bewußtheit», die zu gewinnen letztes Ziel des buddhistischen Lebens ist. Man lese das Folgende im Lichte von Diagramm I, wie auch in Verbindung mit Hui-nengs Idee der Buddhaschaft; dann wird die Hauptlehre des Zen verständlicher werden.

Der Meister (Huang-po Hsi-yün) sagte zu P'ei-hsin: «Sowohl die Buddhas als auch alle fühlenden Wesen sind nur eines einzigen GEISTES, und es gibt keine anderen Dharmas [Objekte]. Dieser GEIST hat keinen Anfang, wurde nie geboren und wird nie sterben; er ist weder blau noch gelb; er hat weder Gestalt noch Form; er gehört nicht zu (der Kategorie von) Sein und Nicht-

Sein; er ist nicht als neu oder alt zu betrachten; er ist weder kurz noch lang, weder groß noch klein; er ist jenseits aller Maße, Benennbarkeit, Kennzeichen und aller Arten von Antithesis. Er ist absolute Soheit; die geringste Regung eines Gedankens verfehlt ihn sofort. Er ist wie die Leere des Raumes, er hat keine Grenzen, und er ist völlig unberechenbar.

Es gibt nur gerade diesen Einen GEIST, der die Buddhaschaft begründet, und in ihm sind die Buddhas und alle fühlenden Wesen enthalten, ohne daß sich zwischen ihnen ein Unterschied zeigte, nur daß letztere an eine Gestalt gebunden sind und (den GEIST) außerhalb ihrer suchen. Deshalb ist er ihnen um so ferner, je mehr sie ihn suchen. Laßt den Buddha sich außerhalb seiner suchen, laßt den GEIST sich außerhalb seiner suchen, und bis ans Ende der Tage wird nichts gefunden werden. Hört auf mit eurem Denken, vergeßt euer Verlangen, und der Buddha wird sich unmittelbar vor euren Augen offenbaren.

Dieser GEIST ist nichts anderes als der Buddha, und der Buddha ist nichts anderes als die fühlenden Wesen. Wenn der GEIST die fühlenden Wesen ist, zeigt er keine Abnahme, wenn er der Buddha ist, zeigt er keine Zunahme. Er enthält seinem Wesen nach alle sechs Tugenden der Vollendung, alle zehntausend guten Werke und alle Vorzüge, die zahlreich sind wie der Sand der Gangā; in ihm ist nichts, das von außen hinzugefügt worden wäre. Wenn er sich Umständen gegenübersieht, überläßt er sich ihnen bereitwillig, doch wenn sie aufhören, kommt er wieder zur Ruhe. Diejenigen, die nicht fest an diesen GEIST, welcher der Buddha ist, glauben, sondern statt dessen dadurch Verdienst erwerben wollen, daß sie sich einer Form verbinden und sich Übungen unterziehen, hegen falsche Vorstellungen, die nicht in Übereinstimmung mit dem Tao sind... Dieser GEIST ist der Buddha, und außer diesem gibt es keine Buddhas, noch andere Arten Geist (welche der Buddha wären). Die Reinheit des GEISTES gleicht dem Himmel, an dem nicht die geringste Spur einer Form zu sehen ist. Wenn der Geist erregt ist, wenn ein Gedanke aufsteigt, wendet ihr euch vom Dharma ab, der dafür bekannt ist, daß er an keine Form bindet. Zu keiner Zeit gab es Buddhas, die an eine Form gebunden gewesen wären. Wenn ihr Buddhaschaft dadurch erlangen wollt, daß ihr euch in den sechs Tugenden der Vollkommenheit übt und alle zehntausend guten Werke vollbringt, wird damit ein vorgeschriebener Weg beschritten, und zu keiner Zeit gab es Buddhas, die einen vorgeschriebenen Weg beschritten hätten. Gewinnt nur Einsicht in den Einen GEIST, und ihr werdet erkennen, daß ihr nichts als euer Eigentum betrachten könnt. Das begründet die wahre Buddhaschaft.

Der Buddha und die fühlenden Wesen sind des Einen GEISTES, und es besteht da kein Unterschied. Er gleicht dem Raum, der keine Beimischungen und nichts Zerstörbares enthält; und er gleicht der großen Sonne, welche die vier Welten erhellt. Wenn die Sonne aufgeht, ist die Welt von Helligkeit erfüllt, doch der Raum selbst ist nicht hell; wenn die Sonne untergeht, erfüllt Dunkel die Welt, doch der Raum selbst ist nicht dunkel. Helligkeit und Dunkelheit sind Zustände, die sich ablösen, doch die für den Raum bezeichnende unermeßliche Leere bleibt ewig unverändert. Der GEIST, welcher den Buddha und alle fühlenden Wesen bildet, ist dem gleich; wenn ihr den Buddha als Gestalt betrachtet, die rein, hell und frei ist, und die fühlenden Wesen als Gestalten, die befleckt, dunkel, unwissend und der Geburt wie dem Tode unterworfen sind, könnt ihr, solange ihr dieser Ansicht seid, selbst nach so vielen Kalpas wie die Gangā Sand hat, keine Erleuchtung erlangen, weil ihr der Gestalt verhaftet seid.

Ihr solltet wissen, daß es nur den Einen GEIST gibt, und daß daneben kein Atom von irgend etwas vorhanden ist, das ihr als euer Eigentum betrachten könntet. Der GEIST ist nichts anderes als der Buddha selbst. Wahrheitssuchende von heute verstehen nicht, welcher Art dieser GEIST ist. Sie suchen den Buddha, ihre Gedanken auf den GEIST richtend, in einer Welt außerhalb desselben und unterziehen sich Übungen, wodurch sie sich an eine Form binden. Das ist ein schlechtes Verfahren und keineswegs dasjenige, das zur Erleuchtung führt.

Es ist besser (so heißt es), einem einzigen Mönch, der Nicht-Bewußtheit *(wu-hsin)* verwirklichte, Opfer darzubringen, als allen Buddhas der zehn Weltgegenden. Weshalb? Nicht-Bewußtsein bedeutet, kein Bewußtsein (oder keine Gedanken) irgendwelcher Art zu haben. Der Körper des So-Seins ist innen wie Holz oder Stein; er ist unbeweglich und unerschütterlich; außen ist er wie Raum, in dem es keine Hindernisse, kein Anhalten gibt. Er ist jenseits von Subjekt wie von Objekt, nimmt keine Orientierungspunkte wahr, ist gestaltlos und kennt weder Gewinn noch Verlust. Jene, die (nach äußeren Dingen) rennen, wagen es nicht, in diesen Dharma einzugehen, denn sie stellen sich vor, sie würden dann in einen Zustand des Nichts verfallen, in dem sie sich unmöglich zurechtfinden könnten. Deshalb werfen sie nur einen flüchtigen Blick darauf und ziehen sich zurück. So sind sie im allgemeinen Forscher von großer Gelehrsamkeit. Tatsächlich sind jene Forscher von großer Gelehrsamkeit wie Haare [d. h., zu zahlreich], während jene anderen, welche die Wahrheit begreifen, wie Hörner sind [d. h., zu wenige].»

Chinesische Schriftzeichen, vor allem die in Verbindung mit dem Zen verwendeten, haben einen tiefen Sinn, der aber durch die Übertragung in eine Fremdsprache seine ursprüngliche Anregungskraft völlig verliert. Gerade das Unbestimmte, so charakteristisch für die chinesische Schreibweise, ist in der Tat ihre Stärke: Es werden nur Anhaltspunkte gegeben, und wie diese zu verbinden sind, um einen Sinn zu ergeben, bestimmen allein die Kenntnisse und das Gefühl des Lesers.

Da das Zen nicht an den Nutzen vieler Worte glaubt, gebraucht es möglichst wenige, wenn es gezwungen wird, etwas auszudrücken, nicht nur in seinem förmlichen *«mondo»* (Frage–Antwort), sondern in jedem gewöhnlichen Gespräch, in dem Zen ausgelegt wird. In Huang-pos oben angeführter Rede, und auch in derjenigen von Te-shan, stoßen wir auf einige höchst bezeichnende Sätze, deren einer bei Te-shan lautet: *tan wu shih yu hsin, wu hsin yu shih*, und ein anderer bei Huang-po: *chih hsia wu hsin*. Das ist der Kern der Zen-Lehre. Te-shans Satz lautet in wörtlicher Übersetzung: «Nur (habe) nichts im Geiste, habe Nicht-Bewußtsein in Dingen», während Huang-pos Satz lautet: «Unmittelbar-unten (habe) Nicht-Bewußtsein».

Sowohl bei Te-shan als auch bei Huang-po wird Zen als etwas dargelegt, das in unmittelbarer Beziehung zum täglichen Leben steht; es gibt da keine himmelwärts strebenden Spekulationen, keine Abstraktionen, bei denen einem schwindelt, und keine sentimentale Süße, die Religion in ein Liebesdrama verwandelt. Tatsachen der täglichen Erfahrung werden hingenommen, wie sie einem zuteil werden, und aus ihnen wird ein Zustand der Nicht-Bewußtheit gewonnen. Im obigen Zitat sagt Huang-po: «Der ursprüngliche GEIST muß zusammen mit der Tätigkeit der Sinne und Gedanken erkannt werden; nur gehört er nicht zu ihnen und ist auch nicht von ihnen unabhängig.» Das UNBEWUSSTE, welches zu erkennen das Mushin ausmacht, durchdringt jede uns durch die Sinne und Gedanken vermittelte Erfahrung. Machen wir eine Erfahrung, zum Beispiel, daß wir einen Baum sehen, so nehmen wir in dem Augenblick nur etwas wahr. Wir wissen nicht, ob diese Wahrnehmung die unsere ist, noch erkennen wir, ob der wahrgenommene Gegenstand sich außerhalb unserer befindet. Die Wahrnehmung eines äußeren Gegenstandes setzt bereits die Unterscheidung von außen und innen, Subjekt und Objekt, von Wahrnehmendem und Wahrgenommenem voraus. Wenn diese Trennung erfolgt, als solche erkannt wird und man an ihr festhält, wird die ursprüngliche Erfahrung vergessen, und daraus entsteht eine endlose Reihe von Verwicklungen intellektueller und gefühlsmäßiger Art.

Der Zustand der Nicht-Bewußtheit bezieht sich auf die Zeit vor der Trennung von Geist und Welt, wenn noch kein Geist einer Außenwelt gegenübersteht und seine Eindrücke vermittels der verschiedenen Sinne empfängt. Nicht nur kein Geist, sondern auch keine Welt ist bis jetzt entstanden. Das könnte als ein Zustand völliger Leere bezeichnet werden, doch solange wir darin verharren, gibt es keine Entwicklung, keine Erfahrung; es ist bloßes Nichtstun, es ist sozusagen der Tod selbst. Wir sind aber nicht so beschaffen. Ein Gedanke steigt inmitten der Leere auf; dies ist das Erwachen der Prajñā, die Trennung von Unbewußtheit und Bewußtheit, oder, logisch ausgedrückt, die Entstehung der grundlegenden dialektischen Antithesis. Mushin steht auf der unbewußten Seite der erwachten Prajñā, während deren bewußte Seite sich in das wahrnehmende Subjekt und die Außenwelt entfaltet. Das meint Huang-po, wenn er sagt, der ursprüngliche GEIST sei weder abhängig noch unabhängig von dem, was gesehen *(drishta)*, gehört *(shruta)*, gedacht *(mata)*, oder erkannt *(jñāta)* werde. Das UNBEWUSSTE und die Welt des Bewußtseins stehen in direktem Gegensatz zueinander, liegen jedoch Rücken an Rücken und bedingen sich gegenseitig. Das eine verneint das andere, doch in Wirklichkeit ist diese Verneinung eine Bejahung.

Was dieses auch immer sein mag, Zen ist unserer täglichen Erfahrung stets nahe, was mit den Äußerungen von Nansen (Nan-ch'üan) und Baso (Ma-tsu) gemeint ist: «Euer alltägliches Bewußtsein ist das Tao.» «Wenn wir hungrig sind, essen wir, und wenn wir müde sind, schlafen wir.» In dieser Direktheit des Handelns, wo es nichts Vermittelndes gibt, wie etwa das Erkennen von Objekten, Berücksichtigung der Zeit, Abschätzen des Wertes, behauptet das UNBEWUSSTE sich, indem es sich verneint. Im folgenden[18] zeige ich das praktische Wirken des UNBEWUSSTEN, wie es von den Meistern erfahren wurde, die sich die größte Mühe geben, es ihren Schülern darzulegen.

Hsiang-nien von Shou-shan (925–992) wurde gefragt: «Dem Sūtra zufolge gehen alle Buddhas aus diesem Sūtra hervor; was ist dieses Sūtra?» «Sachte, sachte!» sagte der Meister. «Wie kann ich darauf achten?» «Sieh zu, daß es nicht befleckt wird.»

Um dieses Mondo dem Leser verständlicher zu machen, sei bemerkt, daß «dieses Sūtra» nicht notwendigerweise das *Prajñā-pāramitā-Sūtra* bedeuten muß, in dem dieser Satz vorkommt: Es soll vielleicht Hui-nengs Selbst-Natur oder Huang-pos Ursprünglicher GEIST oder tatsächlich alles damit bezeichnet werden, was gewöhnlich als die Letzte Wirklichkeit betrachtet wird, aus der alle Dinge hervorgehen. Der Mönch fragt nun, was dieser Große Urquell aller Dinge sei. Wie ich schon früher sagte, ist die Vorstellung von einem Großen Urquell, der irgendwo gesondert besteht, ein Irrtum, dem wir alle verfallen, wenn wir versuchen, unsere Erfahrung intellektuell zu deuten. Es liegt in der Natur des Intellektes, eine Reihe von Antithesen aufzustellen, in deren Labyrinth er sich verliert.

Der Mönch war zweifellos ein Opfer dieses fatalen Widerspruches, und sehr wahrscheinlich hat er die Frage «Was ist dieses Sūtra?» aus voller Kehle ausgerufen. Daher die Warnung des Meisters: «Sachte, sachte!» Aus dem Text geht nicht hervor, ob diese Warnung vom Urquell aller Dinge, dem Buddha selbst, verstanden wurde, aber die nächste Frage, wie er auf dasselbe (oder ihn) achten könne, zeigt, daß er etwas davon begriffen hatte. «Was?», «Weshalb?», «Wo?» und «Wie?» sind alles Fragen, die für das wesentliche Verständnis des Lebens belanglos sind. Unser Geist ist aber voll davon, und das ist unser aller Fluch. Hsiang-nien war das vollkommen klar, und er sucht deshalb nach einer intellektuellen Lösung. Seine höchst wirklichkeitsnahe und nüchterne Antwort: «Sachte, sachte!» genügte, um die ernsthafteste Frage mit einem Schlage zu entscheiden.

Ein Mönch fragte Hsiang-nien: «Was ist der Körper des Raumes?» Raum könnte hier mit Himmel oder Leere übersetzt werden. Früher stellten Menschen ihn sich als eine Art objektiver Realität vor, und der Mönch fragt nun, was diese Leere stütze, was deren Körper sei, um den diese unermeßliche Leere hänge. Mit dieser Frage ist jedoch im Grunde genommen nicht die Leere des Raumes, sondern des Mönches eigene Geistesverfassung gemeint, die er wahrscheinlich nach langer Übung in der traditionellen Meditation erreichte; das heißt indem er alle Gedanken und Gefühle aus seinem Bewußtsein tilgte. Wie so viele Buddhisten, und auch Laien, hatte er natürlich die Vorstellung von einem zwar völlig undefinierbaren, aber doch irgendwie greifbaren Wesen als Stütze des Ungestützten.

Die Antwort des Meisters darauf war: «Dein alter Meister befindet sich unter deinen Füßen.» «Weshalb befindet Ihr Euch, Ehrwürdiger, unter den Füßen Eures Schülers?» Der Meister schloß: «O dieser blinde Bursche!»

Die Frage des Mönchs klingt in gewisser Hinsicht reichlich verworren, und wenn Hsiang-nien ein Philosoph wäre, würde er sehr ausführlich darauf antworten. Da er aber ein praktischer Zen-Meister ist, der mit den Dingen unserer täglichen Erfahrung zu tun hat, weist er einfach auf die räumliche Beziehung zwischen sich und seinem Schüler hin, und wenn dies nicht sofort verstanden und statt dessen eine weitere Frage gestellt wird, ist er angewidert und fertigt den Fragesteller mit einer geringschätzigen Bemerkung ab.

Ein anderes Mal wurde an Hsiang-nien folgende Frage gestellt: «Ich, Euer ergebener Schüler, quäle mich seit langem mit einem ungelösten Problem. Würdet Ihr die Freundlichkeit haben, ihm Eure Aufmerksamkeit zu schenken?» Der Meister antwortete barsch: «Ich habe keine Zeit für müßige Überlegungen.» Der Mönch gab sich natürlich mit dieser Antwort nicht zufrieden, denn er wußte nichts damit anzufangen. «Weshalb verhaltet Ihr Euch so, Ehrwürdiger?» «Wenn ich gehen möchte, gehe ich; wenn ich sitzen möchte, sitze ich.»

Das war einfach genug; er war völlig Herr seiner selbst. Er bedurfte keiner Überlegung. Zwischen seinem Tun und seinem Wunsch gab es keinen moralischen oder intellektuellen Vermittler, kein «Geist» mischte sich ein, und deshalb kannte er keine Probleme, die seinen Seelenfrieden störten. Seine Antwort konnte nicht anders als praktisch sein und mitten ins Schwarze treffen.

Ein Mönch fragte Hsiang-nien: «Was ist Euer Auge, das andere nicht täuscht?» Das ist frei übersetzt; in Wirklichkeit wird nach der Äußerung der echten Geisteshaltung des Meisters gefragt, die alle seine Erfahrungen überprüft. Unser Auge ist gewöhnlich mit allem möglichen Staub bedeckt, und die dadurch bewirkte Brechung des Lichts hindert uns daran, die Dinge richtig zu sehen. Der Meister antwortete sogleich und sagte: «Sieh nur, der Winter naht.»

Wahrscheinlich fand dieses Mondo in einem Bergkloster statt, das von Bäumen umgeben war, die jetzt kahl und zitternd im Winde standen, und beide blickten auf die schneeverheißenden Wolken hinaus. Das Herannahen des Winters stand außer Zweifel; darüber konnte man sich keiner Täuschung hingeben. Der Mönch hätte aber gern gewußt, ob nicht noch mehr dahinter verborgen sei, und deshalb fragte er: «Was bedeutet es im Letzten?» Der

Meister war völlig ungezwungen, und seine Antwort lautete: «Und dann kommen die linden Frühlingslüfte.»

Es fehlt hier jede Anspielung auf tiefsinnige metaphysische Begriffe; eine einfache Tatsache der Beobachtung wird in der Alltagssprache mitgeteilt. Die Frage des Mönches würde vielleicht von einem Philosophen oder Theologen ganz anders behandelt werden, aber der Blick des Zen-Meisters ist stets auf Erfahrungstatsachen gerichtet, die jedermann zugänglich sind und die ihm bewiesen werden können, wann immer er es wünscht. Was es auch an Geheimnisvollem enthalten mochte, der Meister stand nicht auf seiner Seite, sondern auf der Seite dessen, der infolge seiner Blindheit danach Ausschau hält.

Diese Stellen zeigen zur Genüge die Einstellung der Zen-Meister zu den sogenannten metaphysischen oder theologischen Fragen, welche die religiös empfänglichen Herzen so vieler Menschen quälen, und auch die Methode, die sie bei Behandlung dieser Fragen zum geistigen Wohle ihrer Schüler anwenden. Sie nehmen ihre Zuflucht nie zu abstrakten Erörterungen, sondern berücksichtigen die alltäglichen Erfahrungen ihrer Schüler, die gewöhnlich das «Gesehene, Gehörte, Gedachte und Erkannte» umfassen. Sie sind der Ansicht, daß das UNBEWUSSTE, wenn es überhaupt zu begreifen ist, dann in unserem «alltäglichen Bewußtsein» *(ping-chang hsin)* begriffen werden muß, denn es gibt keinen Vermittler zwischen ihm und dem, was wir «das Gesehene, Gehörte, Gedachte und Erkannte» nennen. Jeder Akt der letzteren ist vom UNBEWUSSTEN erfüllt. Ich werde noch einige Beispiele anführen, selbst auf die Gefahr hin, meine Leser damit zu langweilen.

Ein Mönch fragte Ta-t'ung von T'ou-tzu Shan: «Wenn Prinz Nata alle Knochen seines Leibes seinem Vater und alles Fleisch seiner Mutter zurückgibt, was verbleibt dann von seinem Ursprünglichen Leib?» Ta-t'ung warf den Stab, den er in Händen hielt, zu Boden.

Die Frage ist wirklich eine sehr ernste, wenn sie vom Begrifflichen her erwogen wird, denn sie betrifft die Lehre des sogenannten Anātman. Wenn die fünf Skandhas aufgelöst werden, wo bleibt dann die Person, von der angenommen wurde, sie stehe hinter dieser Verbindung? Zu erklären, die fünf Skandhas seien von Natur leer und ihre Verbindung sei eine Illusion, genügt jenen nicht, welche diese Tatsache nicht wirklich erfahren haben. Sie möchten das Problem entsprechend der Logik gelöst sehen, die sie vom Erwachen ihres Bewußtseins an gelernt haben. Sie vergessen, daß es ihre Logik ist, die sie in dieser intellektuellen Sackgasse festhält, aus der sie nicht hinausgelangen können. Die Lehre vom Anātman ist Ausdruck einer Erfahrung und keineswegs eine logische Folgerung. So sehr sie sich auch bemühen, sie mit ihren logischen Spitzfindigkeiten zu erfassen, gelingt es ihnen doch nicht.

Seit dem Buddha gab es viele Meister des Abhidharma, die ihre Kraft darin erschöpften, durch Schlußfolgerungen die Theorie des Anātman logisch zu begründen. Wieviele Buddhisten oder Außenseiter gibt es aber schon, für deren Verstand diese Theorie wirklich überzeugend ist? Wenn sie hinsichtlich dieser Lehre eine Überzeugung haben, dann ist sie die Folge ihrer Erfahrung und nicht ihres Theoretisierens. Beim Buddha stand am Anfang eine wirkliche persönliche Überzeugung, und dem folgte eine logische Konstruktion, um diese Überzeugung zu stützen. Es kam tatsächlich nicht sehr darauf an, ob diese Konstruktion zur Zufriedenheit vollendet wurde oder nicht, denn die Überzeugung, das heißt die Erfahrung selbst, war eine vollendete Tatsache.

Der von den Zen-Meistern vertretene Grundsatz ist dieser: Sie überlassen die logische Seite der Angelegenheit den Philosophen und begnügen sich mit den aus ihren eigenen inneren Erfahrungen gezogenen Schlußfolgerungen. Sie würden dagegen Einspruch erheben, wenn der Logiker versuchen sollte, die Gültigkeit ihrer Erfahrung mit der Begründung anzuzweifeln, es sei Sache des Logikers, mit Hilfe der ihm zur Verfügung stehenden Mittel den Beweis für die Wahrheit zu erbringen. Wenn er diese Aufgabe nicht befriedigend erfüllen kann – das heißt, die Erfahrung mit Hilfe der Logik zu bestätigen –, ist der Mißerfolg dem Logiker zuzuschreiben, der dann eine wirksamere Verwendung seiner Mittel ersinnen muß. Wir begehen alle den großen Fehler, die Logik den Tatsachen aufzuzwingen, während die Logik aus den Tatsachen hervorgeht.

Ein Mönch fragte Fu-ch'i: «Wenn die Voraussetzungen [wie die vier Elemente, fünf Skandhas usw.] zerstreut werden, fallen sie alle wieder in die Leere zurück. Wohin kehrt aber die Leere selbst zurück?»

Das ist eine ähnliche Frage wie die schon angeführte nach dem Ursprünglichen Leib des Prinzen Nata. Wir suchen immer nach etwas jenseits oder hinter unserer Erfahrung und vergessen, daß dieses Suchen eine endlose Regression in beide Richtungen, nach innen oder außen, nach oben oder unten ist. Der Zen-Meister weiß es wohl und vermeidet die Komplikationen.

Fu-ch'i rief aus: «O Bruder!» und der Mönch antwortete: «Ja, Meister.» Der Meister fragte nun: «Wo ist die

Leere?» Der arme Mönch war immer noch auf der Suche nach begrifflichen Bildern und völlig außerstande zu erkennen, wo die Leere sich befinde. «Seid so gut und gebt mir darüber Auskunft», war seine zweite Bitte. Der Meister hatte nichts weiter zu sagen und fügte nur spöttisch hinzu: «Sie gleicht einem Perser, der roten Pfeffer kostet.»

Zu seiner Zeit – das heißt zur T'ang-Zeit – muß es in der chinesischen Hauptstadt Menschen aus den verschiedensten Ländern gegeben haben, und wir finden, wie in diesem Fall, in der Zen-Literatur auch Hinweise auf Perser *(po-ssu)*. Sogar Bodhidharma, der Gründer des Zen-Buddhismus in China, wurde von vielen für einen Perser gehalten, wenn er vielleicht auch nur ein Mann aus einem fremden Lande war. Es scheint, daß einige der T'ang-Historiker Perser nicht von Indern unterscheiden konnten. Mit einem Perser, der roten Pfeffer kostet, meint der Meister sein eigenes Unvermögen, als dem Lande Fremder für diese Erfahrung den richtigen chinesischen Ausdruck zu finden.

Ein Mönch kam zu T'ou-tzu und fragte: «Ich kam von weit her, nur um Euch zu sehen. Würdet Ihr die Güte haben, mir ein Wort zu meiner Unterweisung zu sagen?» Auf dieses erwiderte der Meister: «Da ich alt werde, schmerzt mich heute mein Rücken.»

Ist das ein Wort der Unterweisung im Zen? Von einem Pilger, der einen weiten Weg aus den fernsten Landesteilen zurückgelegt hat, nur um von dem alten Meister unterwiesen zu werden, muß dieses «Mein Rücken schmerzt mich» als eine geringschätzige Behandlung empfunden werden – als eine *sehr* geringschätzige. Alles hängt aber von der Betrachtungsweise ab. Da Zen sich mit unserer alltäglichen Erfahrung befaßt, muß die Tatsache, daß dieser alte Meister die Schmerzen in seinem Rükken erwähnt, als ein direkter Hinweis auf das ursprüngliche UNBEWUSSTE begriffen werden. Wenn der Mönch schon längere Zeit Zen geübt hätte, würde er sofort begreifen, wohin T'ou-tzu seine Aufmerksamkeit lenken will.

In einem Punkte muß man jedoch, was die Vorstellung vom UNBEWUSSTEN betrifft, auf der Hut sein. Obwohl ich wiederholt warnend darauf hingewiesen habe, zitiere ich noch einmal T'ou-tzu. Ein Mönch fragte ihn: «Wie ist es aber, wenn noch kein Gedanke aufsteigt?» Das bezieht sich auf einen Bewußtseinszustand, in dem alle Gedanken ausgelöscht sind und Leerheit herrscht; und nun möchte der Mönch wissen, ob damit die Zen-Erfahrung gemeint ist. Wahrscheinlich nimmt er an, er sei selbst zu dieser Erkenntnis gelangt. Doch die Antwort des Meisters lautete: «Das ist wirklich Unsinn!»

Ein anderer Mönch kam zu einem anderen Meister und stellte die gleiche Frage, worauf der Meister antwortete: «Was kann das schon für einen Zweck haben?» Dem Meister lag offenbar nichts am Zustande der Unbewußtheit, wie die meisten Buddhisten ihn sich vorstellen.

T'ou-tzu wurde bei einer anderen Gelegenheit gefragt: «Wie war es zu der Zeit, als der goldene Hahn noch krähte?» Dem liegt die gleiche Ansicht zugrunde, wie sie von den beiden vorhergehenden Mönchen geäußert wurde. T'ou-tzu sagte: «Kein Laut ist zu hören.» «Und nach dem Krähen?» «Jeder kennt die Zeit.» Beides sind nüchterne Antworten, und man könnte sich vielleicht fragen, wo dieses geheimnisvolle, unfaßbare und unbegreifliche Zen eigentlich zu finden sei.

Sich Zen geheimnisvoll vorzustellen, ist der erste schwere Irrtum, dem viele in Hinsicht auf das Zen verfallen. Gerade wegen dieses Irrtums kann das UNBEWUSS-TE nicht in seiner unbewußten Weise wirken, und das, worauf es ankommt, geht in begrifflichen Verwicklungen verloren. Der Geist schwankt zwischen zwei gegensätzlichen Vorstellungen hin und her, und daraus entstehen unnötige Ängste. Im folgenden wird geschildert, wie dieser Widerspruch vermieden oder vielmehr gelebt werden kann, denn das Leben besteht in Wirklichkeit aus einer Reihe von Widersprüchen.

Ein Mönch fragte T'ou-tzu: «Das alte Jahr ist vergangen und das neue Jahr ist gekommen: gibt es irgend etwas, das in keiner Beziehung, welcher Art auch immer, zu dem einen oder anderen stünde, oder nicht?»

Wie wir schon sahen, ist Zen immer praktisch und lebendig mit den täglichen Ereignissen verbunden. Die Vergangenheit ist vorüber, und jetzt ist Gegenwart, aber diese Gegenwart wird schnell vergehen, ja, sie ist schon vergangen; Zeit ist eine Aufeinanderfolge dieser beiden sich widersprechenden Vorstellungen, und alles, was in unserem Leben geschieht, überschreitet Vergangenheit und Gegenwart. Es gehört weder dem einen noch dem anderen an, denn es kann nicht in Stücke geschnitten werden. Wie kann dann ein Ereignis der Vergangenheit in die Gegenwart hineinreichen, so daß wir es uns als Ganzes vergegenwärtigen können? Wenn die Gedanken derart zwiespältig sind, werden wir vielleicht zu keiner Schlußfolgerung gelangen. So muß denn das Zen den Fall in der überzeugendsten Weise, welche zugleich die allerpraktischste ist, entscheiden. Deshalb beantwortete der Meister die Frage des Mönches mit einem «Ja». Als dieser wieder fragte: «Was ist es?» sagte der Meister: «Zu Beginn des neuen Jahres sieht die Welt wie verjüngt aus, und alle Dinge singen: ‹Glückliches neues Jahr›.»

DIE VERWIRKLICHUNG
DES NICHT-BEWUSSTSEINS

Um verständlich zu machen, wie man den Zustand des Mushin oder Munen verwirklichen kann, habe ich eine schematische Analyse der Selbst-Natur, wie der Ausdruck im *T'an-ching* lautet, vorgenommen. Das Diagramm möchte ich die Betrachtung der Selbst-Natur vom zeitlichen Gesichtspunkt aus nennen, doch wenn es nicht durch die Erklärung des räumlichen Gesichtspunktes ergänzt wird, kann die Idee leicht mißverstanden werden.

Das Erwachen der Prajñā im Körper der Selbst-Natur, in dessen Folge das Bewußte vom UNBEWUSSTEN unterschieden wird, mag den Gedanken nahelegen, ein solches Ereignis habe in fernster Vergangenheit stattgefunden, die heutige Welt mit all ihrer Vielfalt, ihren Wirren und Sorgen sei daraus hervorgegangen und die religiösen Übungen hätten den Zweck, das heutige Leben zu überwinden und den ursprünglichen Seinszustand wieder herzustellen. Das ist eine Täuschung und widerspricht den Erfahrungstatsachen. Buddhistische Philosophen beziehen sich oft auf «die Zeit, die keinen Beginn hat» oder auf «das Uranfängliche», darin die Dinge sich in einem Zustand der Undifferenziertheit befinden. Das mag an einen Prozeß denken lassen, und in Verbindung mit unserer schematischen Analyse könnte der Begriff der Zeit als das Wichtigste betrachtet werden. Um dieses Mißverständnis zu vermeiden, füge ich ein «räumliches Diagramm» hinzu, in der Hoffnung, damit einen Beitrag zur richtigen Darstellung der Lehre Hui-nengs zu leisten.

In der Tat ist der Begriff der Zeit eng mit demjenigen des Raumes verbunden, und Erfahrungstatsachen geben ihr Geheimnis nicht preis, wenn sie nicht gleichzeitig vom räumlichen und vom zeitlichen Gesichtspunkt aus geprüft werden. Die richtige zeitliche Anschauung schließt natürlich die richtige räumliche in sich ein: Die beiden sind nicht voneinander zu trennen. Die Logik des Zen muß zugleich zeitlicher und räumlicher Art sein. Wenn wir vom Erwachen der Prajñā und von der Differenzierung des BEWUSSTEN und UNBEWUSSTEN im ursprünglich unbewußten Körper der Selbst-Natur sprechen, erfahren wir tatsächlich dieses Erwachen, diese Differenzierung, dieses Wirken des ursprünglichen UNBEWUSSTEN in unserem täglichen, gegenwärtigen Leben. Denn das Leben verläuft nicht nur linear, als eine Zeitfolge, sondern auch als kreisförmige Bewegung im Raum.

Die zylindische Figur (Diagramm 2) stellt die Struktur unserer Erfahrung dar. Obgleich sie in Ebenen aufgeteilt und durch Linien begrenzt ist, besitzt sie in Wirklichkeit natürlich keine solche Abteilungen und ist durch nichts begrenzt. Erfahrung hat keinen Mittelpunkt, keinen Umkreis, und der Zylinder hier dient lediglich dazu, sie ins Auge zu fassen. Durch die ganze Figur läuft eine Grundlinie, die das BEWUSSTE dem UNBEWUSSTEN entgegensetzt, doch in der Selbst-Natur an sich gibt es keine solche Teilung, denn das Erwachen der Prajñā in der Selbst-Natur setzt das ganze Triebwerk in Bewegung. Deshalb ist die Prajñā-Ebene halbiert: In Prajñā das Bewußte und Prajñā das UNBEWUSSTE. Prajñā blickt in zwei entgegengesetzte Richtungen, was ein großer Widerspruch ist, und aus diesem Widerspruch geht das ganze Panorama unseres Lebens hervor. Weshalb dieser Widerspruch? Der Widerspruch entsteht dadurch, daß wir ihn herausfordern.

Prajñā das UNBEWUSSTE weist auf die Selbst-Natur hin und ist die Selbst-Natur. Nicht-Bewußtheit ist die Folge, und durch Prajñā ist sie unmittelbar mit der Selbst-Natur

AUSSENWELT

Diagramm 2

verbunden. Prajñā das Bewußte entwickelt sich zum wahrnehmenden Geist, wodurch die Selbst-Natur mit der Außenwelt in Verbindung tritt, die auf die psychischen Zustände wirkt und ihrerseits deren Wirken ausgesetzt ist. Mit Hilfe des wahrnehmenden Geistes entsteht bei uns die Vorstellung von einer Individualität. Wenn wir aber infolge dieser Vorstellung die Tatsache vergessen, daß gerade ihre Existenz durch Nicht-Bewußtheit gestützt wird, macht sich persönlicher Egoismus geltend. Die buddhistische Lehre vom Anatta ist die gleiche wie die Lehre von der Nicht-Bewußtheit. Daß es keine Ego-Substanz oder keine Ego-Seele gibt, bedeutet,

AUSSENWELT

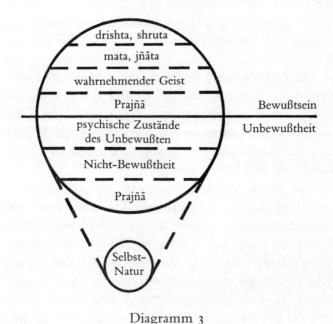

Diagramm 3

daß der Ego-Begriff nur möglich ist, wenn er sich selbst widerspricht; das heißt der wahrnehmende Geist ist die Nicht-Bewußtheit selbst.

Der unbewußte Geist hat seine pathologischen Zustände auf der Ebene der Sinne und des Denkens (matajñāta), was dem «Unbewußten» der analytischen Psychologie oder Psychoanalyse entspricht. Das UNBEWUSSTE ist der Treffpunkt von Göttern und Dämonen. Wenn man nicht von Prajñā richtig geführt wird und den Sinn und die Funktionen des UNBEWUSSTEN nicht versteht, läuft man Gefahr, vom schwarzen Rachen des Ungeheuers verschlungen zu werden. Das psychoanalytische Unbewußte reicht nicht tief genug, um die Ebene der Nicht-Bewußtheit erreichen zu können.

Diagramm 3 sucht die gleiche Erfahrungstatsache wie das zweite, aber vom räumlichen Standpunkt aus, zu erklären. Unter der halbierenden Linie haben wir die Zweiteilung des UNBEWUSSTEN in das psychische und das über-psychische Unbewußte. Im letzteren sind Prajñā das Unbewußte und die Nicht-Bewußtheit mit einbegriffen, um zu zeigen, daß sie in allen Fällen den gleichen Inhalt haben. Die Nicht-Bewußtheit erhält diese Bezeichnung im Gegensatz zum empirischen Geist, doch von der Prajñā-Seite der Erfahrung aus gesehen, ist sie nichts anderes als Prajñā selbst.

Man könnte sagen, Prajñā entspreche auf der Ebene des Bewußten dem wahrnehmenden Geist. Doch der Geist in seiner wahrnehmenden Eigenschaft weist auf die Ebene von *matajñāta* hin, während Prajñā wesentlich dem UNBEWUSSTEN angehört. Wenn wir einigen Philosophen folgten und eine «transzendentale Apperzeption» voraussetzten, könnten wir sagen, Prajñā hätte Anteil daran. Gewöhnlich ist der wahrnehmende Geist viel zu sehr

sehr damit beschäftigt, seine Aufmerksamkeit nach außen zu richten, und deshalb vergißt er, daß sich in seinem Rücken der bodenlose Abgrund von Prajñā dem UNBEWUSSTEN befindet. Wenn seine Aufmerksamkeit nach außen gerichtet ist, bleibt er der Vorstellung von einer Ego-Substanz verhaftet. Erst wenn er sich dem Inneren zuwendet, erkennt er das UNBEWUSSTE.

Dieses UNBEWUSSTE ist Prajñā auf ihrer unbewußten Ebene, die, allerdings mit Unrecht, nur zu oft als ein Zustand völliger Leerheit angesehen wird. Hier ist immer noch eine Spur von Dualismus zu erkennen. Die sogenannte Leerheit steht noch immer im Gegensatz zum Sein, weshalb die Lehre von Anatta viele Menschen beunruhigt. Sie suchen sie auf der Ebene der Logik, das heißt im Gegensatz zum Ego-Begriff zu verstehen. Wird jedoch die Lehre vom Anatta zur Erfahrung, wie der Buddha sie in der folgenden Gāthā aussprach, so enthält sie keine logischen Schwierigkeiten mehr. Vor den Menschen gähnt nicht länger ein Abgrund, sondern ruhige Freude und ein bleibendes Gefühl des Glückes erwartet sie. Die Gāthā lautet:

So manches Lebenshaus
umschloß mich – ewig suchend ihn, der diese
leidvollen Kerker unsrer Sinne schuf;
schwer war mein endeloser Kampf!

Doch nun,
du Schöpfer dieses Tabernakels,
erkannt' ich Dich! Nie wirst Du diese Mauern
der Qualen mehr errichten,
niemals mehr auf das Firstgebälk des Trugs
von neuem Sparren legen.

Zerbrochen ist dein Haus, der Balken barst!
Der Sinne Täuschung schuf es!
Sicher geh' ich von dannen – Freiheit zu gewinnen.

Wir sind zu sehr geneigt, auf der Ebene des Denkens zu argumentieren, dabei die ganze Zeit an den wahrnehmenden Geist denkend. Doch wenn die Erfahrung von ihren intellektuellen Fälschungen befreit wird, weist sie nie auf Leerheit, sondern auf Ruhe und Zufriedenheit hin.

Jene, welche die Lehre vom Anatta nicht begreifen können, fragen oft: Wer ist dieser Zufriedene, wenn es keine Seele gibt? Wenn sie dann keine für sie logisch befriedigende Antwort erhalten, kommt ihnen die Lehre absurd vor. Anatta ist aber nicht das Ergebnis logischer Beweisführung, sondern eine Erfahrungstatsache. Wenn hier Logik erforderlich ist, dann nehmt zuerst die Tatsache und versucht, ein logisches Gebäude um sie herum zu errichten, nicht aber umgekehrt. Wenn die eine Art der Logik versagen sollte, dann probiert eine andere aus, bis ihr befriedigt seid. Die Logiker sollten sich der Tatsache erinnern, daß Religion auf Erfahrung beruht und daher irrational ist.

Ein Mönch fragte einen Zen-Meister: «Was würdet Ihr dazu sagen, wenn sowohl der Geist als auch seine Objekte vergessen würden?»

«Der Geist und seine Objekte» bedeutet diese Welt der Realität, wo das Subjekt dem Objekt, der Erkennende dem Erkannten, der Eine den Vielen, die Seele Gott gegenübersteht. Wenn man dies vergißt, transzendiert man eine Welt der Dualismen und geht auf im Absoluten. Der Mönch verfährt offensichtlich der Logik gemäß, wie die meisten von uns es tun und wie die meisten Buddhisten

es zur Zeit des Buddha taten, als zum Beispiel Malunkya-
putta dem Buddha verschiedene metaphysische Fragen
zur Beantwortung vorlegte. Der Buddha hatte stets Geduld mit solchen Fragestellern und erklärte ihnen in aller
Ruhe, als echter indischer Seher der Wahrheit, was das
religiöse Leben, abgesehen von allen logischen Erörterungen darüber, begründet.

Der chinesische Zen-Meister ist aber nicht so geduldig
und großmütterlich, und wenn er seine Mönche nicht
schlägt, gibt er eine völlig unsinnige Antwort. Im vorliegenden Fall gab Hung-t'ung, an den die obige Frage gerichtet wurde, dieses zur Antwort: «Eine dreibeinige
Kröte trägt auf ihrem Rücken einen riesigen Elefanten.»
Was mag der wirkliche Sinn eines solchen Ausspruches
sein? Wenn das nicht die Höhe der Absurdität ist, dann
scheint die Antwort zumindest äußerst unhöflich dem
aufrichtigen Wahrheitssucher gegenüber zu sein. Die
Antwort *soll* jedoch absurd und irrational sein und uns
dazu veranlassen, den Gesichtskreis des logischen Verstandes zu überschreiten, damit wir eine Wahrheit begreifen können, die unsere Erfahrung unmittelbar, von
jeder Denktätigkeit ungefärbt, ausdrückt. Darin ist die
wahre Herzensgüte des Zen-Meisters zu erkennen.

Bevor jedoch diese Art der Behandlung metaphysischer Probleme bei den chinesischen Zen-Meistern Ein-
gang fand, waren sie sozusagen «rationaler» und folgten
ihrem gesunden Menschenverstand. In einem der kürz-
lich entdeckten Tun-huang-Manuskripte, die geschicht-
liche Dokumente des frühen Zen enthalten, findet sich
folgende Geschichte; sie wurde vom Meister Wu-chu zur
Zeit der T'ang-Dynastie zu Nutzen seines Schülers namens Wu-yu erzählt:

«Ich kenne eine Geschichte. Es war einmal ein Mann, der stand auf einer Anhöhe. Mehrere Männer, die gerade auf der Straße gingen, bemerkten von weitem den auf einer Anhöhe stehenden Mann, und sie unterhielten sich über ihn. Einer von ihnen sagte: ‹Er muß sein Lieblingstier verloren haben.› Ein anderer sagte: ‹Nein, er wird nach seinem Freunde Ausschau halten.› Ein dritter meinte: ‹Er genießt nur eben die Kühle dort oben.› Die drei konnten sich nicht einigen, und die Diskussion nahm ihren Fortgang, bis sie die Anhöhe erreicht hatten, auf welcher der Mann stand. Einer der drei fragte: ‹O Freund, habt Ihr nicht vielleicht Euer Lieblingstier verloren, daß Ihr hier oben steht?› – ‹Nein, Herr, ich habe keines verloren.› Der zweite Mann fragte: ‹Habt Ihr nicht Euren Freund verloren?› – ‹Nein, Herr, ich habe auch meinen Freund nicht verloren.› Der dritte Mann fragte: ‹Genießt Ihr nicht die frische Brise hier oben?› – ‹Nein, Herr, das tue ich nicht.› – ‹Weshalb steht Ihr dann hier oben, wenn Ihr alle unsere Fragen mit nein beantwortet?› Der Mann auf der Anhöhe sagte: ‹Ich stehe nur eben.›»

In unserem täglichen Leben erörtern wir Dinge stets unter der Voraussetzung einer Erfahrung, die so tief in unserem Bewußtsein eingebettet ist, daß wir uns nicht von ihr befreien können und daher versklavt sind. Wenn wir uns dessen bewußt werden, beginnt damit unser religiöses Leben, und gerade in diesem religiösen Leben ist Erfahrung alles und es bedarf keiner Logik mehr. Einigen scheint der Buddhismus auf logischen Vernunftschlüssen zu beruhen, weil er auf die Vier Edlen Wahrheiten, die Zwölffache Kette der Verursachung und den Achtfachen Pfad gegründet ist. Wir dürfen aber nicht vergessen, daß alle diese systematischen Gruppierungen erst nach der Erfahrung entstanden sind, die dem Buddha unter dem Bodhi-Baum zuteil wurde.

Darin gleichen sich das Christentum und der Buddhismus. Das Christentum spricht vielleicht stärker die gefühlsmäßige Seite unseres Lebens an, während der Buddhismus sich an dessen intellektuelle Seite wendet, weshalb er von einigen für wissenschaftlicher gehalten wird. In Wirklichkeit beruht aber der Buddhismus ebenso auf persönlicher Erfahrung wie das Christentum. Das ist vor allem im Zen-Buddhismus der Fall, der fest auf der Erfahrung als dem Grundprinzip seiner Lehre besteht. Deshalb weisen alle Taten und Aussprüche im Zen auf diese Grundlage hin. Man kann ihr nicht ausweichen, nicht einen Bogen um sie machen, nicht das wegdisputieren, was an Absurditäten auch immer auftauchen möge, wenn der Grunderfahrung Ausdruck verliehen wird.

Während ein Mönch Ts'ao-shan bediente, sagte der Meister: «O Bruder, es ist furchtbar heiß.»

«Ja, Meister.»

«Wenn es so heiß ist, wie könnte man da der Hitze entrinnen?»

«Indem man sich in einen Kessel mit kochendem Wasser auf einem sengenden Feuer stürzt.»

«Wenn man aber im Kessel oder im Feuer ist, wie könnte man da der Hitze entrinnen?»

«Hierhin reichen keine Schmerzen.»

Daraufhin schwieg der Meister.

Das alles ist Ausdruck des Lebens selbst, und es gibt darüber keine intellektuellen Erörterungen. Fänden sie statt, so hätten der Meister und der Schüler vielleicht über den Lebenswandel im Hinblick auf das Jenseits, oder über die Gefilde der Seligen, oder über irgendeine noch erhältliche Unterkunft für den Sommer, oder über Selbstlosigkeit gesprochen. Daß sie von nichts dergleichen sprachen, sondern unerschütterlich auf dem festen Boden unserer täglichen Erfahrung standen, zeigt höchst überzeugend den Charakter des Zen. Zwar können wir ohne Logik und Philosophie nicht auskommen, weil auch sie ein Ausdruck des Lebens sind, und es zu leugnen, wäre heller Wahnsinn, aber wir sollten bedenken, daß es noch einen anderen Lebensbereich gibt, den zu betreten nur dem erlaubt ist, der das Zen wirklich begriffen hat.

Ein Mönch fragte Hsing-yüan von Lo Shan: «Weshalb steht das steinerne Tor von Lo Shan nicht jedermann offen?» Der Meister erwiderte: «O du törichter Bursche!» – «Wenn Ihr unerwartet einem hochintelligenten Bruder begegnet, würde ihm dann erlaubt werden einzutreten, oder nicht?» Der Meister antwortete: «Trink eine Tasse Tee.»

«In das einzudringen, was manche für das Geheimnis des Zen halten, wird zuweilen als das Schwerste in der Welt angesehen. Diesem Meister zufolge ist es aber nicht schwerer als eine Tasse Tee zu trinken. Jedenfalls finden alle Beweisführungen auf der Ebene von *mata-jñāta* statt, wie Diagramm 3 zeigt. Wenn man die Ebene der Nicht-Bewußtheit betritt, überwiegt sie und Prajñā das UNBEWUSSTE beherrscht die Lage. Wenn man so spricht, weicht man vielleicht schon vom rechten Pfade des Zen ab. Worauf es aber ankommt, ist, die wesentliche Idee des Ganzen zu begreifen.

Ein Mönch fragte Fa-i von Ts'ao-an: «Es heißt, daß, wenn der Geist (darauf) gerichtet werde, er abweiche, und daß, wenn ein Gedanke aufsteige, ihm widersprochen werde. Wenn es sich so verhält, wie kann man da vorwärtskommen?»

Das Zitat stammt von einem alten Meister und bedeutet, daß das zentrale Geheimnis des Zen, wenn dieser Ausdruck erlaubt ist, nicht durch Überlegungen oder den Intellekt begriffen werden kann, und daß, wenn der Geist sich darauf richtet und in jene Richtung bewegt, das Geheimnis sich unseren Bemühungen völlig entziehen wird. Der Mönch möchte nun wissen, wie er jemals irgendwelche Fortschritte in der Übung des Zen machen könne, wenn das der Fall ist, denn die Übung erfordert ein Gerichtetsein des Geistes; die Frage ist durchaus verständlich.

Der Meister antwortete: «Es gibt jemanden, dessen Geist beständig darauf gerichtet ist, und dennoch gibt es kein Abweichen in ihm.» «Wie stehen die Dinge in diesem Augenblick?» war die nächste Frage. «Es findet schon ein Abweichen statt!»

Das Erwachen der Prajñā war das erste große Abweichen, und von der Zeit an leben wir inmitten von Abweichungen. Es besteht keine Möglichkeit, ihnen zu entrinnen, außer daß man sie lebt wie sie aufeinander folgen. Schon wenn man sagt «entrinnen», bedeutet dies ein Abweichen, einen Widerspruch, eine Negation. «Trink eine Tasse Tee!» lautet Chao-chous Rat.

Was wissen wir von Hui-nengs Selbst-Natur, nachdem wir sie sowohl vom räumlichen als auch vom zeitlichen Standpunkt aus betrachtet haben? Wir haben auf viele Weisen versucht, ihren Körper, ihr Wirken und ihre Gestalt zu erläutern und haben sehr viel von ihr geredet, aber das war auch alles. «Von ihr» ist nicht dasselbe wie «sie», und in religiösen Dingen ist Verstehen soviel wie Erfahren. Außerhalb der Erfahrung besteht aber keine Möglichkeit, zu «ihr» zu gelangen. Noch so viele Abstraktionen nützen nicht mehr als ein einziges Wort, das im rechten Augenblick gesagt wird.

Ein Mönch fragte Chih-fu von E-hu: «Welches ist das eine Wort?» Die Gegenfrage des Meisters lautete: «Verstehst du?» Der Mönch sagte: «Wenn ja, ist es das?» Der Meister seufzte: «Ach, hoffnungslos!» Ein anderes Mal fragte ein Mönch: «Welches ist Euer letztes Wort?»[19] Der Meister sagte: «Was sagst du?» Der Mönch, der augenscheinlich glaubte, der Meister habe seine Frage nicht verstanden, sagte noch einmal: «Um welches handelt es sich?» «Störe bitte mein Schläfchen nicht», war die kalte Antwort des Meisters.

Alle diese Zen-Mondos mögen dem Außenstehenden als barer Unsinn oder absichtliche Irreführung erscheinen. Das größte Wunder der Menschheitsgeschichte ist aber, daß diese «unsinnige» oder «irreführende» Schule des Buddhismus während ungefähr eintausendfünfhundert Jahren geblüht und einige der besten Geister des Fernen Ostens beschäftigt hat. Darüber hinaus übt sie noch in vieler Hinsicht einen großen geistigen Einfluß in Japan aus. Schon das allein macht Zen zu einem würdigen Gegenstand der Auseinandersetzung nicht nur für buddhistische Gelehrte, sondern für alle, die sich mit dem Studium der Religion und allgemeinen Kultur befassen. Das soll aber unsere Leser nur gerade darauf aufmerksam machen, daß im Zen etwas enthalten ist, das auf die wesentlichste Lebenswirklichkeit hinweist, die uns eine große religiöse Befriedigung gewährt, wenn wir sie völlig verstanden haben. Alle die Mondos, welche die Geschichte des Zen ausmachen, sind nur ebenso viele Hinweise, die der Erfahrung der Meister Ausdruck verleihen.

Ich möchte diesen Essay mit der Geschichte des Mönches Fu von Tai-yüan abschließen, der zu Beginn der Fünf Dynastien (des 11. Jahrhunderts) lebte. Er war der

Nachfolger von Hsüeh-feng und übernahm nie die Oberaufsicht über ein Kloster, sondern begnügte sich damit, für den Baderaum der Bruderschaft Sorge zu tragen. Als er einmal an einer religiösen Feier in Chin-shan teilnahm, fragte ihn ein Mönch: «Hast du je Wu-tai Shan besucht?» Wu-tai Shan ist als die irdische Wohnstätte des Bodhisattva Mañjusrī bekannt. Aus allen Teilen des Landes, selbst aus Tibet und Indien, kommen Pilger dorthin, und es heißt, der Bodhisattva offenbare sich dem wahrhaft Frommen. Der Berg liegt in der Provinz Shan-hsi, im Nordwesten Chinas, während Chin-shan in Südchina liegt. Der Mönch Fu antwortete: «Ja, ich tat es einmal.» Der andere Mönch sagte: «Hast du dann Mañjusrī gesehen?» «Ja», erwiderte Fu. «Wo hast du ihn gesehen?» «Unmittelbar vor der Buddha-Halle in Chin-shan», kam sofort die Antwort.

Als Fu zu Hsüeh-feng kam, fragte dieser ihn: «Soviel ich weiß, hat Lin-chi drei Maximen. Stimmt das?» «Ja, Ihr habt recht.» «Welches ist die erste Maxime?» Der Mönch Fu schlug die Augen auf und blickte empor. Hsüeh-feng sagte: «Das ist die zweite Maxime. Welches ist die erste?» Der Mönch Fu faltete die Hände über der Brust und entfernte sich.

Als Hsüan-sha eines Tages bei Hsüeh-feng vorsprach, sagte letzterer: «Ich habe hier unter meinen Brüdern einen alten Mann, der jetzt im Baderaum arbeitet.» Hsüan-sha sagte: «Gut, wenn Ihr erlaubt, werde ich ihn aufsuchen und herausfinden, was für ein Bursche das ist.» Mit diesen Worten ging Sha hinaus und fand ihn damit beschäftigt, Wasser für den Baderaum hochzuziehen. Da sagte Sha: «O Bruder, wir wollen eine Unterredung haben.» «Die Unterredung ist schon beendet.» «In welchem Kalpa (Zeitalter) fand sie statt?» «O Bruder, träume nicht» – womit diese seltsame Unterredung beendet war.

Hsüan-sha kam zu Hsüeh-feng zurück und sagte: «Meister, ich habe ihn ergründet.» «Wie geschah das?» Sha erzählte ihm dann von der Unterredung, und Feng zog den Schluß: «Ihr seid um etwas betrogen worden!»

An von Hu-shan fragte Fu: «Wo ist deine Nase, bevor deine Eltern dich in die Welt gesetzt haben?» Die Nase hat hier keine besondere Bedeutung; es ist ebenso, als wenn man fragte: «Wo bist du vor Bestehen der Welt?» Zen vermeidet gern abstrakte Ausdrücke und stark verallgemeinernde Redensarten, denn sie schmecken zu sehr nach Intellektualisierung. Auf Ans Frage erwiderte Fu: «Bruder, sprich du zuerst.» An sagte: «Jetzt geboren! Sage du mir, wo er ist.» Fu sagte, damit stimme er nicht überein, worauf An fortfuhr: «Bruder, was würdest du sagen?» Ohne eine bestimmte Antwort zu geben, wie wir von ihm erwarten würden, bat Fu um den Fächer, den Bruder An in der Hand hielt. An gab ihm denselben auf seine Bitte und wiederholte die erste Frage. Fu aber schwieg und legte den Fächer hin. An wußte nicht, was er daraus machen sollte; Fu gab ihm eine Ohrfeige.

Als der Mönch Fu einmal vor dem Lagerhaus stand, näherte sich ein Klosterbruder und fragte: «Es heißt, daß wohin auch das Auge sich wende, dort Bodhi sei. Was hat das zu bedeuten?» Fu gab einem zufällig dort stehenden Hund einen Fußtritt, so daß dieser jaulend davonlief. Der Mönch schwieg dazu, worauf Fu sagte: «Armer Hund, du hast umsonst einen Fußtritt erhalten.»

Vom relativen Standpunkt aus, dem wir alle hoffnungslos verhaftet sind, scheinen die Fragen dieser Mönche ganz vernünftig zu sein, doch sowie sie von den Meistern aufgegriffen werden, verwandeln sie sich unweigerlich in ein Kauderwelsch oder in Wahnsinnstaten, die völlig unlogisch sind und dem gesunden Menschenverstand widersprechen. Wenn aber ein Mensch gleichsam in den Geist eindringt, der die Meister bewegt, erkennt er, daß all dieser Unsinn dessen wertvollster Ausdruck ist. Die Hauptsache ist nicht *«cogito ergo sum»*, sondern *«agito ergo sum»*. Ohne es zu wissen, sind wir immer zu sehr in Nachdenken versunken und beurteilen jede Erfahrung nach unseren Gedanken darüber. Wir dringen nicht in das Leben selbst ein, sondern halten uns von ihm fern. Unsere Welt ist daher immer eine solche der Gegenstände, in der das Subjekt dem Objekt gegenübersteht. Das Erwachen des Bewußtseins ist soweit ganz gut, aber gegenwärtig haben wir zuviel davon und können es nicht richtig verwenden.

Die Zen-Meister möchten, daß wir in die entgegengesetzte Richtung blicken. Wenn wir bisher nach außen blickten, möchten sie, daß wir jetzt nach innen blicken; wenn wir vorher nach innen blickten, sagen sie uns, wir sollten jetzt unseren Blick nach außen richten. Für sie gibt es keine schematische Analyse zeitlicher oder räumlicher Art. Sie handeln «ohne Umschweife» oder «rückhaltlos», um einen der beliebten Ausdrücke der Zen-Meister zu gebrauchen. Das ist in der Tat der höchste Akt unseres Bewußtseins, durch alle begrifflichen Ablagerungen hindurch zum Fundament, zu Prajñā dem Unbewußten, vorzudringen.

Anmerkungen

1 Diese Biographie, bekannt als das *Ts'-ao-ch'i Yüeh Chuan*, wurde offensichtlich bald nach dem Tode Hui-nengs zusammengetragen und von Saichō, dem Gründer der japanischen Tendai-(T'ien-t'ai)Sekte, 803 nach Japan gebracht, als er aus China zurückkehrte, wo er den Buddhismus studiert hatte. Sie ist das zuverlässigste historische Dokument, das auf Hui-neng eingeht.

2 Das Tun-huang-Manuskript, §§ 40 und 41. Das Koshoji-Exemplar §§ 42 und 43.

3 Siehe die *Worte von Shen-hui*, § 11.

4 Siehe die *Worte von Shen-hui*, § 8.

5 Im *Pieh-chuan* (einer anderen «Biographie» des Großen Meisters von Ts'ao-ch'i – das heißt von Hui-neng) und auch in der allgemeinen Ausgabe des *T'an-ching*.

6 Yüan-ts'e, der allgemeinen Ausgabe des *T'an-ching* zufolge.

7 «Sitzen» bedeutet technisch «mit verschränkten Beinen in Meditation Dhyāna üben».

8 *T'an-ching*, § 37.

9 Das *T'an-ching* (Koshoji-Ausgabe), § 6.

10 Wörtlich «Weg», was die Wahrheit, den Dharma, die letzte Realität bedeutet.

11 Das *T'an-ching* (Koshoji-Ausgabe), § 14.

12 Jap. *mayoi* bedeutet «an einem Kreuzweg stehen» und nicht zu wissen, welchen Weg man einschlagen soll; das heißt «in die Irre gehen», «nicht den Weg der Wahrheit beschreiten». Es steht im Gegensatz zu *satori* (chin. *wu*), welches das richtige Verständnis, die wahre Erkenntnis der Wahrheit ist.

13 *Ching* auf chinesisch. Es bedeutet «Grenzen», «ein von ihnen

umschlossener Bezirk», «Umgebung», «objektive Welt». In seinem technischen Sinn steht es in Gegensatz zu *hsin*, Geist.

14 William James: *Die Vielfalt religiöser Erfahrung.*

15 *Dentō-roku* (Kokyoshoin-Ausgabe), fas. 28, fol. 103–4.

16 *Yung-hsin*, «den Geist verwenden» – das heißt «den Geist anwenden», «sich üben in».

17 *Die Verlorengegangenen Werke von Bodhidharma.*

18 Die Beispiele sind ziemlich wahllos dem *Dentō-roku* («Aufzeichnung über die Weitergabe der Leuchte») entnommen. Dieses Werk ist eine Fundgrube solcher Berichte, hauptsächlich über die Zeit des T'ang, der Fünf Dynastien und der früheren Perioden des Sung, ungefähr 600–1000 A.D.

19 Wörtlich, «das erste Wort». In Fällen wie diesem ist es das letzte Wort, das ein Zen-Meister über seinen Zen äußern würde. Es ist «das erste Wort», das mit der Erfahrung völlig übereinstimmt.

Daisetz T. Suzuki

Seine Hauptwerke in Einzelausgaben

Die Titel dieser Edition sind: